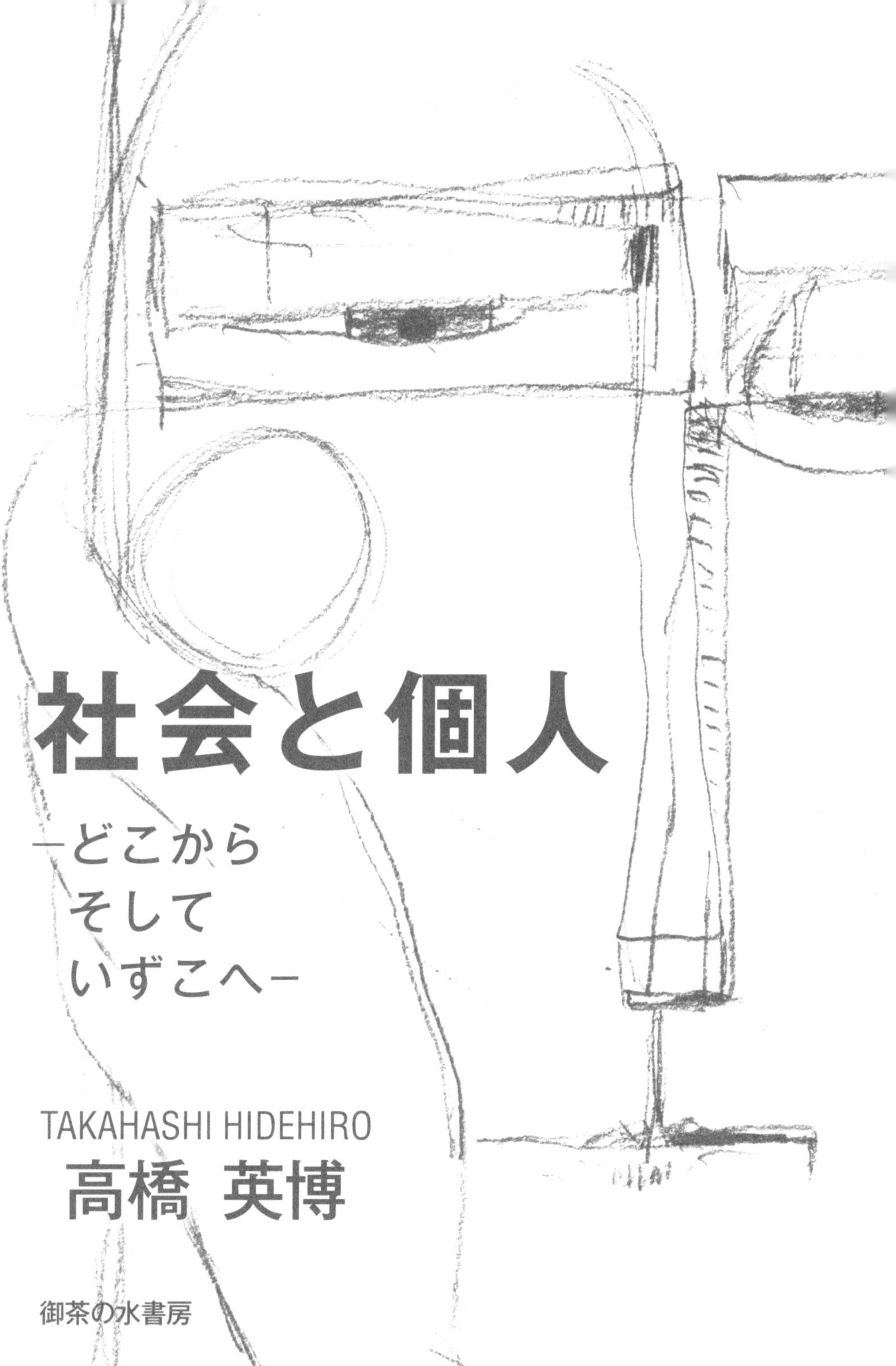

社会と個人

―どこから
そして
いずこへ―

TAKAHASHI HIDEHIRO
高橋 英博

御茶の水書房

まえがき

この本は、「社会」というもの、そして「個人」というものについて、なるたけ分かりやすく伝えようとしたものである。というのは、大学で学生に向かって授業をしていると、感想カードなどに、「社会学って、なんか、とっても分かりにくい」というようなことが書いてあったりするからである。これは、わたしが勤めている地方の小さな女子大にかぎったことでもなく、いわゆるメジャーな国立大学あたりでも、よく聞こえてくる声らしい。学ぼうとしている学生ですらそうだとすると、忙しく日々を暮らしているたくさんの人たちにとっては、その近寄りがたさは並大抵のことではなさそうである。

「社会学って、分かりにくい」というのは、どうしてなのか。それは、いろいろあるなかで、ひとつには、「社会」や「個人」というものについて、じつは、そんなにつきつめて考えられているわけでもなさそうだからである。古今東西の大家によって著わされた本をたしかにふまえつつも、気の利いた借り物を当てにするだけではなく、また、華やかな流行にも遊ばれず、少しゆったりとしながら、もっと自分なりに考えてみてもよいのではないだろうか。そうすると、「社会」や「個人」というものの中身も、思っていたよりもクリアーで分かりやすいものとして、その姿を見せてくれることがあるかもしれない。あのニュートンの、「万有引力」の法則のように。

でも、「言うは易し　行うは難し」。これは、わたしにもぴったりと当てはまる。この本については、もともとゴールははっきりとしていたのだが、いざ書くことに手をつけてみると、なかなか思うようにはいかなかった。というのは、はじめは、いわゆる学術書がもっているスタイルにしたがって、たくさんの参考文献と引用と注でもって、それなりに重厚なものに仕上げようと張り切ってしまったからである。じっさい、わたしもこれまで、そのようにしていくつかの本を書いてきた。

しかし、そうしてしまうと、それなりの月日をかけて自分の頭で考えてみた末にたどりついた、思いのほか単純で当たり前のことが、かえってごちゃごちゃして、分かりにくくなってしまうということに気がついた。それと、この本で伝えようとした肝心なところについては、それをめぐって参照したり引用したりしなくてはならない本が、じつは、そんなにたくさんは見当たらなかったからでもある。

そこで、「エイッ!」とばかりに気合をかけて、自分の考えそのものの流れのなかに筆を任せてみることにした。そうしてできあがったのが、この本である。だから、本文のなかに少しだけ挟みこんではあるものの、注はおろか、まともな参考文献も引用もほとんどないという、やや怪しげな学術書のスタイルをとることになってしまった。でも、読んでもらえる方たちにとっては、そのぶんだけ、あまりややこしくなくて、分かりやすいものになっている、ということがあるかもしれない。

じつは、この「分かりやすい」というのは、なにも、この本のスタイルだけによるものではない。そもそも、社会や個人とは、いったい何なのだろうか。どこからやって来たのだろうか。そして、これから、いずこに向かうのだろうか。あのゴーギャンばりの、これらの問いをつきつめていくと、その答えは、じつはそんなに大それたことでもなく、むしろ、ごく当たり前の、なんということもないことであることが分かった。

ここで、社会についてだけかいつまんで例えれば、社会へと育っていく「胚」は、じつは、わたしたちの日々の暮らしのすぐ足元、そしてわたしたちの内側にあったのだし、社会は、そのいくつもの「胚」が、互いに限りなく、いわばビッグバンすることによってできあがってきたともいえる。そして、社会は、これから、それをもう一回、わたしたちの足元やわたしたちの内側になにがしか回帰させていこうとする意図を、そのエンジンのひとつにしていくにちがいない。社会科学にあっては、先の問いへの答えは、ひとつだけとはかぎらない。しかし、いろいろあるなかで、この本で言いたかったことのひとつは、そういうことである。

このようにかいつまんで言うことができるくらいだから、この本の内容も、わたしにとってはもちろんのこと、手に取っていただける方たちにとっても、けっこう分かりやすくなっているのではないだろうか。もちろん、わたしの至らなさから、たくさんの不十分なところや、やはり分かりにくい、といったところもあるかもしれない。それは、あくまでも、書き手であるこのわたしのせいである。

とくに、「生産と共同」の体系と「分業」と「社会」と「個人」とのかかわりについて、ちゃんと分かりやすく書くことができたかどうかについては、やや心もとないところもある。さらに、「生産と共同」の体系とそれを支える分業のネットワークについて、それが、なにがしかの単位のなかに「内部化」されてあるとか、その「内部化」の単位から、この「生産と共同」の体系が分業の広大なネットワークへと「外部化」されていくとか、あるいは、その「外部化」された体系のなにがしかが、これから、わたしたちの身近なところに「再内部化」されてくるだろう、といったことをめぐる書き方については、もしかしたら、まだ舌足らずのところがあるかもしれない。そこは、この本を読んでくださる方たちによる暖かいご協力でもって、なんとかカバーしていただけるとありがたい。

さらには、「個人」と「社会」という概念について、それを、ひとつのある固まった内容においてイメージするのではなくて、とりあえずのところ、ここ日本社会の戦後史における個人と社会の現実のなかから析出されてくるところの、四つの「社会」と「個人」という概念の混合体としてイメージするという考え方については、いろいろと異論もあるにちがいない。しかし、それが、「個人」や「社会」という概念についてのなにがしかの議論が広がっていく小さな糸口になれば幸いである。

ところで、この本は、もちろん、ここ日本のことを材料にして書いたものである。しかし、本文でも記したように、かならずしも日本だけではなく、ほかの国の社会についても考えてみるときの、ひとつのささやかな理念型（モノサシ）を作ってみようとして書いたものでもある。さながらドン・キホーテのようでもあるが、それがどこまでうまくいっているかについては、この本を読んでいただける方たちの、それぞれのご判断にお任せするしかない。

ともあれ、この本を、みなさんが「個人」や「社会」について考えてみようとするときの、ひとつの小さな手がかりにしていただければ、このうえなく幸いである。

社会と個人

目次

まえがき

六章　地域への「まなざし」とその広がり
――それが含んでいる問い――　159

七章　「再内部化志向社会」への道のりと「省み作る個人」
――「別の」分業ネットワークへの胎動――　174

社会と個人

——どこから　そして　いずこへ

序章―一　この本の背景――昨今の日本における個人と社会――

一　個人と集団をとりまく「揺れ」

個人や社会のあり方を目にするとき、今、きわまりない混沌のなかを手さぐりしつつ、さながら、天と地のあいだをさまよっているかのようである。

人々に目を向ければ、一方にキラキラしたまばゆい暮らしがあり、そこには、国内はおろか、グローバルレベルで活動する人たちの才や汗や欲などが、うずまいている。二〇一六年の「パナマ文書」は、そうした人たちや会社のもたらしたカネが、投資を介してタックスヘイブンに集まり、世界の経済をかなりのところまで左右していることの一端をあぶりだしている。

かたや、国の内外において広がってきた格差のなかで、貧しい暮らしに沈み、さまざまなもがきや苦しみに打ちひしがれている人たちが、たくさんいる。このところ、ここ日本でも、そうした人たちが増えている。そこで人生や命をあきらめてしまったり、体や心を痛めてしまったりするケースも少なくない。そして、そこから逃れようと、命や人生をかけて国を去っていく難民や移民といわれる人たちも、たくさんいる。アフリカや中東などにおいては、とくにそうである。

そこまでひどくはないものの、たとえ、なんとかフツーに暮らすことができていても、日々のなかで自己というものがよく分からないままに、どこかにあるかもしれない「わたし」とか、その居所を探そうとする人たちが、たくさんいる。とくに、ここ日本においては、そうかもしれない。

社会に目を向ければ、とくに二〇〇〇年あたりから、ここ日本でも、会社や仕事をしょっちゅう変えたり、あるいは、変わらなくてはならなかったりすることは、もはやフツーのことになっている。多くの会社にあって、社内での旅や宴会やスポーツは、もう、とっくに昔のことになって久しい。それぞれがあまりに忙しすぎるというほかに、社員といわれる人たちの身分や待遇がいろいろに分かれてしまっていて、「社員」や「わが社」というふうに、そうやすやすと一括りにできなくなったからでもある。

家族や結婚についても、これからのそのあり方については、なかなか辛いものがある。そもそも、「シングル世帯」がものすごく増えていて、二〇一五年では、全体の二七パーセントにもなっている。そして、五〇歳になってもまだ一回も結婚をしたことがない人たちの占める生涯未婚率は、男で二四パーセント、女で十五パーセントにまでなっている。しかも、この比率は、これからますます上がるという。

なかでも、若い人たちは、男にしても女にしても、そのうちのかなりが結婚しなかったり、できなかったりしている。今、三〇代半ばまでの人たちにとって、結婚していないのがフツー、ということにさえなっている。してみれば、このところ、「おひとりさま」や「シングル族」のほか、「コンカツ（婚活）」や「パラサイト」などといった、「結婚しない&できない」人たちにかかわるキーワードが、しきりに取りざたされてくるのも、しごくもっともなことである。

地域にしても、一九六〇年代からこのかた、その力はますます弱くなるばかりである。少子老年化もあいまって、町内会や子供会などの活動はおろか、そうした会そのものが消えてしまったところも多い。東京をはじめとする大都市では、とくにそうである。しかし、他方では、都会から田舎に移り住んで、そこに古くから息づいてきた伝統工芸を習って職人として生きようとしたり、その地に固有の資源を生かしつつ、あらたに一次産業に就こうとしたりする人たちも、たくさんいる。そのほか、あちこちから集まったあらたな仲間とともに起こしたコミュニティビジネスなどで生きようとしている若い人たちも増えている。そこには、これまでにはあまりなかったような、「別の」地域のあり方が顔をのぞかせている。

そうかと思うと、これらの集団からすっかりとはじかれてしまって、共に生きる他人たちを、誰も、どこにも見つけられない人たちも、たくさんいる。それは、「ひきこもり」やニートといった人たちだけのことではない。とりわけ、非正規という働き方をしなくてはならなくなった人たちは、会社や仕事がしょっちゅう変わるだけでなく、いつまでも「シングル」のまま暮らすことにもなりがちである。

こうして、たとえば家族や職場や地域という、かつてはどこにでもあった集団での、ありきたりではあっても、それなりに安らいだ暮らしを手に入れることができるのは、今では、そしてとりわけここ日本では、とてもラッキーなことになりかけている。そしてそれは、かならずしも非正規の仕事に就いている人たちだけに当てはまるわけでもない。年代や職業などにかかわらず、フツーに暮らしている誰でもが、いつ、どこで、そのようになってもおかしくはない。

そうした、かつては人生の芯をなしていたような集団において、楽しみや辛さや苦しみを共にしつつ、けっして豊かとはいえないながらも、人々が、なんとかつつがなく暮らせていたのは、ここ日本では、ついこのあいだまでのことであったかのようである。

二　集団の「揺れ」と社会の変容

こうしたことは、これらの集団において、これまで当たり前だった何かが、ここにきて大きく変わりつつあることをうかがわせる。

かといって、都会のまちなかには、フィットネスクラブやダンススタジオでの仲間、語学スクールやクッキングスタジオやカルチャーセンターでの仲間、また、プロの野球やサッカーのまわりにいるファン仲間のほか、ライブやミュージカルをきっかけにした仲間たちの「つながり」が息づいている。今のところ、これらは商品やカネを介しがちであるがゆえに、こうした「つながり」に入りたくても、そうできない人たちも、たくさんいる。しかし、他方で、それらは、SNSをとおして、かなり遠くに住んでいる人たちの広いネットワークを作っていることも珍しくない。そのSNSは、あれこれのリスクもあるとはいえ、ほとんど見知らぬ人たちを国内外のネットでつないでいる。また、そうした「つながり」やネットワークが、いわゆるバーチャルなものであることも多い。

こうして、人々は、それぞれの暮らしを営みながら、今、これまでの集団とはまったく別の、人と人との「つながり」やネットワークのなかにも生きている。

このようにして、今の日本においては、たくさんの人たちにとって、これまでなじみ暮らしてきたさまざまな求心的な集団が、どことなく遠いものになりつつある。そして、とてつもないスピードで四方八方のかなたにふくらみ散っていく社会のなかに、それぞれが、まちまちに生きている。というより、そう生きるほかないようになっている。しかも、この社会の広がりは、通信や放送、探査や気象や観測、あるいは兵器などを引いてくるまでもなく、はるかかなたの宇宙へも飛び出している。すでに、宇宙は、わたしたちの暮らしと切っても切れない社会の一部となっている。

わたしたちは、こうした社会にあって、個人としてありつづけるために、心のどこかで、いつも何かに追われつつ、たえず自己のなかのなにがしかの空白を埋めようとしながら走り回らなくてはならない。それは、あたかも、湖や入り江に身を休めることなく、ただ、どこまでも広い海をいつも全力で泳ぎ回らないと生きていけない回遊魚であるかのようである。しかし、このところ、そうした流れから遠のいて、すでに少しだけ記したように、それとは「別の」価値にもとづいた暮らしを探ろうとする人たちも目立つようになってきている。

こうして、今、ここ日本においても、個人とその生き方、そして、その生きる場としての集団が、これまでにないくらいに揺れている。このことは、それぞれの集団やネットワークが浮かんでいる、もっと大きな「社会」と言われるものが、じつは、より根本的なところで、すでにかなりのところまで変わってきているということを示している。

三　個人と社会への問いなおし——そもそも「個人」とは？　そして「社会」とは？——

個人と社会の「揺れ」と社会学

ところで、個人や集団、そして社会というものがその大元から問われたのは、なにも、この今が初めてのことではない。

この問いのルーツは、一八世紀ヨーロッパの啓蒙思想のほか、「経済学の父」と言われるアダムスミスあたりにまでさかのぼることができる。「自由」や「平等」や「所有」といった自然権は、もともと、だんだんと歴史にその姿を見せつつあった一人一人の個人をその主体として想定されたものである。また、スミスの、あの「需要と供給と価格の関係」は、個々人のまちまちで自由な経済活動というものが、そのまま放っておいても、いずれ、まわりまわって社会のなにがしかの秩序にたどりつくだろう、というアイディアを土台にしているというのは、よく知られたことである。

そして、一九世紀になると、この個人や社会という現実についての問いは、社会学という、それまでにはなかったような、あたらしい学問系を生み出すようになる。サンシモンやオーギュストコントやハーバートスペンサー、さらには、エミールデュルケムやマックスウェーバーやゲオルクジンメルなどをはじめとする第一世代や第二世代の社会学は、その問いに、それなりに応えようとしてきた。その問いは、それからも、アメリカのシカゴ学派、また、タルコットパーソンズやライトミルズやマッキーバーなどをはじめとする、さまざまな社会学にも引きつがれている。

そもそも、社会学は、個人や集団や社会というものにたいする根本的な問いのなかから生み出されてきた学問であるといってよい。つまり、一八世紀、そしてとくに一九世紀の先進ヨーロッパにあっては、「個人というもの」や「社会というもの」という、人々が、それまでかつて経験したことがないような、未知のうねりが広がってくる。そして、それは、貧困をはじめとする、さまざまな辛苦をともなうものでもあった。それを目の当たりにして、ある知的もしくは分析的な関心をもったインテリたちが、「これって、いったい何なのだろうか?」と考えるようになってきて、それが、社会学というあたらしい学問を生むきっかけになったといえよう。

このように、一九世紀ヨーロッパという、ある固有の史的状況において、この個人や社会という現実についての根本的な問いが投げかけられてはじめて、この問いが向けている対象がはっきりしてきた、ということになる。このような個人や社会についての問いは、これらのほかにも、「自由」への疑念(エリッヒフロム)や「近代」への疑念(ユルゲンハバーマスやアンソニーギデンス)、そしてまた、「個人主義」や「民主主義」などにたいして近年になって向けられている疑念のなかにも伏流してきている。

ところで、個人や社会についての根本的な問いが投げかけられてきたそれぞれの世の背景にあるのは、どのようなかたちであったにせよ、個人や集団や社会、そして「個人と社会」をめぐる大きな「揺れ」にあったというのは、うなずけるところである。それは、すでに記したように、この今の世についても当てはまる。そして、ここ日本においては、戦後から今日までのあいだに、個人や集団や社会をめぐる「揺れ」には、かなり大きなものがあったし、いまだに、そうだといえよう。それについては、まだ少しだけではあるが、すでに記したとおりである。

このように大きく揺れてきた、そしてまた揺れている個人や社会という現実について、その内容やその背景、そしてまた、時とともに移り変わってくるその過程について、その大元から理解しようとするならば、それらの現実を分析的に切りとろうとするときの「個人」や「社会」というコトバ（概念）の中身について、あらためて吟味しなおしてみることがどうしても大切になってくる、はずである。

しかし、とくに今日の日本社会学にあっては、みずからが「個人」や「社会」という概念をめぐるそうした根本的な問いに向き合わなくても、それは、もうとっくに分かりきったこととされているかのようである。あるいは、そうした問いへの回答については、先の天才たちの偉業にすべてを委ねてしまい、みずからが、わざわざ問いなおさなくてもよいものとみなしているようなところがある。それは、今、社会学がその問いに立ち向かってみても、すぐにそのまっとうな答えを見つけるのはそう生易しいことではないと、誰もが、うすうす気がついているからなのかもしれない。

そこにはまた、二〇世紀末になってはっきりした「社会主義の失敗」からこのかた、いわゆる「大きな物語」が成り立ちにくくなってきたのにつれて、社会学があまりにも細かく分かれすぎてしまってタコツボ化してしまい、しかも、いつも目先の仕事に追いまくられていることもあって、「大きな問い」そのものを投げかけにくくなってきているという、社会学をとりまく昨今の状況も与っているのかもしれない。しかし、今、社会や個人は、「どこからきて、いずこへ向かおうとしているのか？」が問われなくてはならない。そしてまた、それを捉えることができるような

「個人」や「社会」という概念が、あらためて問いなおされなくてはならない。とくにそのような状況にあるのが、ここ日本である。

ところで、これまでの歴史をふりかえってみるとき、個人や社会がその姿をのぞかせてきたのは、すでに記したように、近代になってから、つまり、一八世紀から一九世紀にかけてのことだといわれている。

そのころになると、先進ヨーロッパにおける産業革命と市民革命とが人々を呪術や宗教から解き放ちつつ、人々が、自由で自立した個人としてものを考えたり行動したりしやすいようになってくる。そして、そうしようとする人たちの多くは、「旧体制（アンシャンレジーム）」におけるさまざまな制約を、まさに「鎖」（ルソー）として憤ってきた人たちでもあった。

あわせて、この二つの革命をきっかけとして、前近代までのさまざまな不平等な規制から解き放たれたところで、まさに私的所有というアクセルをふかした、みずからの経済活動ができるようになってくる人たちが増えてくる。それとともに、それまでの国家という枠とはちがった次元での、まさに自由な市場経済とそのネットワークが広がってくる。こうした二つの動きが互いにからまりあいながら、市民（ブルジョアジー）という姿をまとった個人と、市民社会（資本主義社会）という姿をまとった社会というものが生成してくる。ごく大まかに言ってしまえば、これが、近代になってからの個人と社会の生成についての定説のあらましである。

個人と社会への問いなおし

しかし、それから、ほぼ三百年がたとうとしている昨今、個人そのものの中身やその特徴は、そもそもどのように変わってきているのだろうか。これまでの社会学は、はたして、それを捉えるコトバ（概念）を手にしてきたのだろうか。社会についても、まったく同じことがいえる。こちらについては、個人に比べたら、その変化やその中身を捉えようとするコトバは、まだかなり賑やかであったといってよいかもしれない。

たとえば、近いところでいうと、今日の社会について、大衆消費社会とか高度消費社会とか、あるいは情報社会とか格差社会とか、さまざまな表し方がなされてきている。そして、これらは、今日の社会のありようのなにがしかの特徴を、とても分かりやすく言い当てている。しかし、そうしたときの「社会」そのものとは、いったい「何なのか」。これについては、そもそも、「社会」や「個人」という概念とのかかわりから、十分に捉えつくされているわけでもなさそうである。

こうしてみてくると、これまでの社会学は、「個人」と「社会」という二つの概念の中身を互いにかかわらせながら、個人と社会という現実の、すでに三〇〇年あまりにわたる発展段階やそのそれぞれの特徴について捉えるコトバの体系を、ちゃんと手にしえてきただろうか。この問いにたいして、「イエス」と言い切ることができるかというと、それについては、少しだけためらってしまわざるをえない。もっとまともなものであろうとするならば、社会学は、その問いにも、きちんと向き合っていかなくてはなるまい。

なぜかというと、とくにここ日本においては、つぎのような過去が省みられなくてはならないからである。

つまり、戦後しばらくまでの日本の社会学をみるとき、それは、とくに家（イエ）や村落（ムラ）の研究については、かなり大きな成果を出してきたといえる。しかし、そこから、その正否はともあれ、欧米の社会学がやってきたように、個人や社会についてのなにがしかの一般知を引き出してきたといえるだろうか。それについては、どちらかというと、やや心もとないものがある。

たとえば、有賀喜左衛門が、あまたの事例をとおして日本人の民族的特質として析出した「親方―子方」にしても、それは、イエやムラが「生活保障の体系」であったころにおいて創られていた互助のパターンのひとつにすぎない。有賀は、この「親方―子方」を、国内のかなりのイエやムラにもほぼ並んでみられる民族的特質として取り出すことができた。とはいっても、それを、それぞれの閉じたイエやムラを大きく超えた、いわば大きく開かれた社会レベルでの特徴として切り出してきたわけではない。それは、有賀にとっての分析の対象が、みずからの研究テーマにとってなるたけしっくりくる事例を追い求めるという、その「原型遡及的」な方法をとったがゆえに、仕方がないことだったのかもしれない。

しかし、有賀にとって、その対象は、あくまでも人と人との目に見える直の共同とその単位にとどまっていたのであり、そしてまた、その成員にとどまっていたのである。つまりは、そこから、個人や社会についての一般知を引き出そうとしていたわけではない。有賀のそうしたテーマ設定がもつなにがしかの物足りなさは、どちらかといって、彼のほうにその原因があるというわけでもなさそうである。むしろ、それは、有賀の生きていた時代の日本そのものが、まだ、ムラやイエをはじめとするそれぞれの集団を飛びこえた大きな社会と、そこに生きる個人という現実を十分に生成させてはいなかったことの、ひとつの裏返しとでもいえるのではないだろうか。

いずれにしても、日本の社会学については、その現実の分析をとおして、個人や社会についての一般知とでもいえるものを導いてくることは、あまり上手ではなかったといえよう。そうするかわりに、日本の社会学は、明治からこのかた、「個人」や「社会」という概念についての欧米の学説の紹介や解説に、かなりの力を注いできたのである。そして、それはよく知られたことではある。もちろん、それはそれで大きな意味があったし、学説知としての成果も大きかったのは言うまでもない。

しかし、日本の社会学が、人々の日常に足を下ろしつつ、そこから個人や社会についての一般知を引き出してくるとともに、それを世に広めてこられなかったことが、かつては、あの天皇制や国体をはびこらせる知的かつ現実的なスキを与えてしまう一因になったとはいえないだろうか。また、高度成長期においては、エコノミックアニマルや会社人間、さらには日本株式会社といった、経済（カネ）のみを崇めまくる世相をはびこらせる知的かつ現実的なスキを与えてしまった一因になったとはいえないだろうか。また、昨今では、自己責任とか新自由主義といった「クウキ」が、いともたやすく広がってしまう、同じようなスキを与えることにつながっているといえないだろうか。

なぜならば、当の人々にとってみれば、たとえ、その観念やイメージのレベルにおいてであったにしても、人々にたいして、社会や個人についてのしっかりとした科学知を届けていくことは、社会をそのイメージに向かって具体化しようとしていくときの知的かつ現実的な力、もしくは、そのゴールイメージに反するさまざまな動きにたいして抗おうとするときの、同じような力をもたらすことになるだろうからである。そのような「力」に少しでも寄与できるような、借り物ではない自前の「社会」や「個人」という概念の中身を、少なくても分かりやすいものとして作ってはこられなかった日本の社会学（者）の責任は、けっして小さなものではない。

そもそも、個人や社会、そして「個人と社会」についての科学知は、人々の日々の暮らしにあっての個人や社会のイメージをそれなりに整えたり正したりするときの、ひとつの道しるべとしての実効がある。そうした手がかりがないとき、船は目的も方向も定まらないままに、行き当たりばったり、大海原を迷走するしかない。もしくは、その時々の潮流に逆らえないでしまったり、あるいは、みずからそれに流されてしまおうと思ったりするしかなくなるのである。

ところで、じっさいの個人や社会にとって、これからの航路に思いをめぐらせようとするとき、そのためには、どこかに北斗のような定点を刻んでおいたほうがよい。また、個人や社会のこれからの行方を考えるためには、そして、その行方を少しでもマシなものにするためには、個人や社会のこれまでの歩みをふまえつつ、今の個人や社会のありようがどのような史的位置にあるのかについても知っておいたほうがよい。

わたしたちにとって、そうした定点を手にするというのは、宇宙や地球の成り立ち、そしてまた、生命史やＤＮＡについて知るのと似たようなところがある。つまり、それを知ったからといって、わたしたちの日々の暮らしぶりは、すぐに大きく変わるわけではない。でも、知らないでいれば、人類のこれからの歩みのなかで、いつかどこかで役に立つかもしれない知見や技術やアイディアにたどりつくことはできない。また、人生がもっているこの世における位置や意味に思いをめぐらすときの、ひとつの有用なモノサシを欠いてしまう、ということになるかもしれない。

四　戦後日本というフィールドとその分析上の利点

戦後日本の急展開――地域・家族・職場という集団の衰退――

ところで、ここ日本では、一九五五年からこのかた、国内経済は、農業をはじめとする一次産業から、商工業やサービスといった二次・三次産業へと大きくシフトしてきた。そのなかで、人々の暮らしはもちろん、個人や集団や社会のあり方が一変してきた。

この日本の戦後からの歩みをふりかえるとき、そこからは、わたしたちが個人や社会について考えるときの、どのような分析上の利点が見えてくるだろうか。それを考えるためにも、まずここでは、職場と家族と地域という三つの集団をとりあげながら、その歩みのエッセンスを拾い出しておくことにする。なお、くわしいことについては、三章と四章で扱うことにする。

まず、職場についてから大まかにみてみると、一九六〇年代までは、農業をはじめとする一次産業で食べていた人たちが、まだまだたくさんいた。さらに、二次・三次産業といっても、家族みんなで、昔ながらの町工場や小店を細々と営んでいたところがほとんどだったといってもよかろう。ここでは、日本人の大半が、戦前からずっと生きながらえてきた、いわば「第一のムラ」のなかで働き、そして暮らしていたということができる。

そこで人々は、自治体としての村や町という、今からすればかなり小さな生活圏において、また、目に見える人と人との直のつながりのなかで、互いに支えあいながら、自分たちの家業を営んでいたといえる。生産力がかなり低かったがゆえに、そのようにしなければ、なかなか生きていけなかったからでもある。そこには、けっして豊かではなかったものの、また、人によっては、かなり息苦しくて生きづらいものがあったにしても、多くの人たちにとっては、今から比べればかなり淡白ではあれ、苦しいなかでも、それなりに安らいだ日々を送ることができていたといえるかもしれない。

しかし、一九六〇年代になると、そうした働き方をしてきた人たちのかなりが、会社のサラリーマンやブルーカラーなどとして、農山漁村から都市へと移り住むようになる。そして、そのほとんどは、なかには大卒もいたが、中卒や高卒といった若い人たちであった。「金の卵」とか「集団就職」とか「団塊の世代」、そして、「モーレツ社員」とか「会社人間」などといったキーワードが、そのころの世相をよく言いあらわしている。

この高度成長期といわれるほぼ四半世紀のなかで、かなりの人々が、それまで住んでいた田舎という「第一のムラ」から、企業（カイシャ）という、都会にある「第二のムラ」のメンバーになっていったのである。それによって、ローンと通勤にあえぎながらも、郊外やニュータウンという名のベッドタウンに求めたマイホームでの、ささやかな核家族による日々の暮らしを手にしたのである。それが、かつての「第一のムラ」の住人たちが長らくあこがれていた、プライバシーが保たれた人並みで中流の「私生活」と言われるものである。そして会社は、いわゆる日本的経営というシステムのなかで、たくさんの「主婦」という人たちを生み出すとともに、夫が定年になるまで、社員とその家族の暮らしを、ほとんど丸ごと支えたのである。

こうした日本的経営のもとで、出世のため互いに競いあわなくてはならなかったにしても、多くの人たちは、今に比べれば、どちらかというとラッキーな職場生活を保つことができていたのである。しかしそれは、せいぜいのところ、一九九〇年あたりまでのことである。

二〇〇〇年代に入ってしばらくすると、それまでにはなかった非正規という働き方をする人たちが多くなり、二〇一五年には、全体の四〇パーセントを超えるようになる。そのなかでも、意に反して「やむなく」非正規になっている人は、二五～三四歳をとると、じつに、その三〇パーセントちかくにもなっている。彼らのほとんどは、本来ならば、「仕事も人生もこれから！」という、生きる力がみなぎっているはずの人たちである。かたや正社員たちも、長引く不況のなかで、つねに、心のどこかで、リストラや「追い出し」などを恐れなくてはならなくなる。

こうしたレイオフのほか、とてつもない長時間労働やはびこる成果主義のなかで、また、長きにわたる全人的なストレス労働などによって、働く人たちは、過労や心の病などにも悩まされるようになってくる。それは、とくに、会社のサラリーマンやOLたちだけのことではなく、公務員や教員という仕事にまで及んでいる。そして、安いサラリーでこき使われ、あげくには使い捨てにされてしまう「ブラック企業」が恐れられるのは、会社で働く人たちのみならず、どこにでもいる学生アルバイトについても同じである。そして、今や、なにがしかの専門職に就いている人たちにあってさえ、AIロボットが人の仕事をとってしまうことによる「テクノ失業」がささやかれるようになっている。

ひるがえって、ここ日本でも、とくに二〇〇〇年代になると、たとえ一握りとはいっても、年収がかるく一億円を超すような人たちが目立ってくる。投資家や大会社の社長のほか、ITをはじめとするベンチャーを起こして成功した人たち、また、芸能やスポーツで大成した人たちがそうである。こうしたなかには、どこかひとつの会社にとどまるどころか、国内はもちろんのこと、グローバルレベルで仕事をしている人たちも多い。こうして、ここ日本において、一九六〇年あたりから広がってきた会社（カイシャ）という「第二のムラ」は、九〇年代半ばから、とくに二〇〇〇年代に入ると、いつのまにか傷んだり弱ったり、もしくは、崩れかけたりするようになってくる。

つぎに、家族という集団についてみてみると、ここでも、戦後の日本におけるそのありようは、大きく変わってきた。

かつての「家」や「同族」のほか、家長や家督や家産などといった、古くからの家制度のあり方を思い出させるようなキーワードは一九六〇年あたりから使われなくなって、もはや化石のようになってきている。また、専業主婦や一家団らん、あるいは、里帰りやヨメやシュウトメなどといった、核家族にまつわる七〇年代的なキーワードでもって語られていた状況は、今では、かなりのところまで消えかかってきているといってもよかろう。「お見合い」や「社内婚」や「寿退職」、また、「クリスマスケーキ」や「年越しそば」などといった、婚期がらみのキーワードが生きていたのは、せいぜいのところ、一九九〇年あたりまでのことではないだろうか。

そのかわり、今では、「シングル族」や「おひとりさま」のほかに、「コンカツ（婚活）」や「街コン（婚）」や「ネット婚」、はたまた、「草食系」や「巣ごもり」などといった、非婚がらみのキーワードのほうが、はるかに大手を振って歩いている。中高年になったらなったで、そこには、もちろんすべてではないにしても、家庭内別居や熟年離婚、下流老人や老老介護、そして独居老人や孤独死などといった、あまりうれしくないようなキーワードが乱れ飛ぶようになっている。

こうしてみると、男にしても女にしても、そのほとんどが、結婚してフツーの家庭を営みながら年老いていくことができていたのは、もしかしたら、せいぜい一九八〇年代までのことといってよいかもしれない。つまり、家族という、かつては、ほとんどの人たちが当たり前のように作ってくることができた、ごくフツーの集団でさえ、九〇年あたり、とくに二〇〇〇年代に入ると、萎えたり衰えたり、そして消えかけてさえしてきているのである。

さらに、人々が暮らす地域についても、同じようなことが言える。

さまざまな講や組のほか、同族団や「本家――分家」、はたまた、若妻会や若者組や青年団、あるいは部落会や寄合や年中行事、さらには村普請や町普請といった、かつての村落（ムラ）や町内（チョウナイ）の暮らしをイメージさせるようなキーワードがある。これらは、なんとか一九六〇年あたりまでは生きながらえてきたものの、今では、もはや辞書のなかだけの用語になって久しい。

町内会や子供会、そして老人クラブや婦人会といった集団は、都市のまちなかのほか、団地やニュータウンにおいても、一九五〇年代とか六〇年代からさまざまな活動をつづけてきた。しかし、それとて、今ではかなりのところまで衰えてしまっている。それがなんとか元気だったのは、一九七〇年代からの「コミュニティづくり」や、八〇年代から九〇年代にかけての「まちづくり」といった動きが盛んだったあたりまでのことである。今では、都心とそのまわりには、タワーマンションが林立して昔からの住人はいなくなり、また、かつては勢いがあった郊外の団地も老年化とともに空き家が目立ち、「限界集落」をもじって「限界団地」とか言われるようにさえなりつつある。

こうして、さまざまな地域集団やその活動は、もちろん、所によっていろいろではあるものの、かつてほどの勢いはなくなっていたり、会そのものが消えかけたり、なくなったりしているところも多い。ここでも、人々が暮らす地域という集団は、しばらく前から、そのまとまりが弱くなったり衰えたりするだけでなく、そもそも、なくたってよいものとさえなりつつある。この、地域とその変化については、わたしの出した『共同の戦後史とゆくえ——地域生活圏自治への道しるべ——』（二〇一〇年）という本のなかで述べておいたので、できれば、それを手にしていただきたい。

戦後日本という分析上の利点

ここまで、人々の暮らしや人生にとってとりわけ大きな役目を担ってきた職場と家族と地域という三つの集団をとりあげながら、戦後におけるその変わりようのエッセンスを記してきた。

さて、これまでみてきた変化の歩みをかいつまんで言うならば、それは、ここ日本においては、いわば前近代の匂いがする暮らしのありようから、近代そして現代のそれへといたる道のりだとみなすことができる。ここ日本では、ヨーロッパの国々がほぼ二〇〇年から二五〇年かけた変化を、たった半世紀かそこらのうちで、長くとっても、一〇〇年はかからないうちに成しとげたということになる。近代からスタートしたアメリカ合衆国にとって、前近代は、中西部の砂漠とインディアンの暮らしのなかにしか見つけられない。似たようなことは、ほかの新大陸の国々についても当てはまるだろう。

このことは、個人や集団や社会、そして、「個人と社会」をめぐって社会学が探してきた問いへの答えを求めようとするうえで、ここ日本がもっている、ヨーロッパやアメリカの社会とは比べものにならないくらいの利点をもたらしている。

その一つめは、日本においては、この変化がかなり短いうちになされたがゆえに、社会学にとって、ヨーロッパにおける個人や集団や社会のかなりの長きにわたる変化を、とてもコンパクトに、言いかえると、より分かりやすいようにして捉えることができるという利点である。つまり、個人や集団や社会の変化が、より短いなかでなされればなされるほど、その変化の中身やそこにみられる矛盾は、より加圧されたかたちでもって現れがちである。それがゆえに、社会学がそれを分析的に捉えようとするときのさまざまな論点を、よりシャープなかたちで拾いあげることができる。その論点のなかには、本文で述べるように、世界における、いわゆる近代化のモデルパターンをどう考えるかということも含まれている。

二つめは、個人や集団や社会の歩みのそれぞれの段階とその特徴について、同じくものすごいスピードですんだ日本の資本主義の歩みとその段階に対応させながら、よりはっきりとしたかたちで捉えることができるという利点である。ここ日本においては、これらの並行する二つの歩みは、そのスピードがかなり速かったがゆえに、それぞれの段階におけるその内容とその特徴が、互いにくっきりと対応しながら現れている。そして、その段階の分かれ目は、ひとつは一九六〇年あたり、もうひとつは一九八〇年代半ば、もしくは一九九〇年あたりにあったとみなすことができよう。このことについては、本文のなかで、くわしくみていくことにする。

三つめは、これらの変化を、まさに一人の社会学者が、その生きた日々のなかで身をもって体験するとともに、それを、そのままみずからの分析の対象にしえるという利点である。ヨーロッパの社会学においては、何人もの学者が世代を超えてしか経験し観察し分析できなかったことを、ここ日本では、そうしようとさえすれば、たった一人の学者によってすることができるのである。

これらの三つは、わたしたちが個人や社会について考えようとするときの、資本主義の歩みからみたときの、いわば一周遅れのトップランナーとしての、まさに日本ならではの利点であるといってよいかもしれない。

つぎに、序章—二において、この本の目的と視点についてみることにする。

序章-二　この本の目的と視点

一　この本の目的——「個人」と「社会」の再考とコトバ（概念）——

「個人」と「社会」の再考

個人とは何か。社会とは何か。そして、それらは、そもそもどこから生まれてきたのか。そして、これまでどのような変化をたどり、これから、いずこへ向かおうとしているのか。この本では、あらためて、これらの根本的な問いについて、社会学の立場から、なにがしかの分析的な回答を企ててみることにする。

そのためには、そもそも、「個人」や「社会」というコトバ（概念）をめぐって、それぞれの中身がいったい何なのかについて、はっきりとさせておかなくてはならない。すでに記したように、これはそうたやすいことではないものの、これが、この本における一つめの目的である。

しかし、「個人」や「社会」というコトバによって指し示される中身は、もちろん、時がたつとともに変わらざるをえない。人は一人では生きていけないかぎりにおいて、人々によって作られる共同体もしくは共同集団は、その遠い昔からあったといえる。しかし、個人や社会がその姿を見せてきたのは、すでにみたように、大まかには一八から一九世紀のヨーロッパという、ある史的な条件のもとにおいてであった。それから、ほぼ二〇〇年あまりの月日がたとうとしている。フツーに考えれば、この時の流れとともに、集団の中身、そしてまた個人や社会の中身とその特徴も、かなり変わらないではいられない。

また、個人や社会の中身とその特徴は、集団と同じように、所によってもまちまちである。たとえば、ヨーロッパやアメリカ、あるいは日本やアジアにあっても、その中身は、時によってのみならず、場所によってもまちまちである。それは、立ち入ったレベルにまでふみこまなくても、わたしたちの、なんとはなしの経験や見分からも分かることであろう。社会学は、それらのちがいの大本を、学知としてどのように解きほぐすことができるのだろうか。この本では、個人と社会のそれぞれの史的段階や所による中身やそのちがいを、その大本から捉えることができる枠組みについて、「個人」と「社会」という概念の二つの中身を互いにかかわらせながら考えることにしたい。これが、この本における二つめの目的である。

もちろん、これらの二つの目的は、互いに深くかかわりあっている。つまり、一つめの問いへの回答のなかには、二つめの問いへの回答が、すでに埋めこまれていなければならないからである。個人や社会の移り変わりに突然変異のようなことがないかぎりにおいては、集団、そして個人や社会の中身そのもののなかに、そこからの変化、つまり、それぞれの分岐や発展とその萌芽が、論理的かつ現実的なものとして埋めこまれていなければならない。よって、そこでは、どのような段階や次元の個人が、どのような段階や次元の社会を、どのように作り出して再生産するのか。そしてまた、どのような段階や次元の社会が、どのような段階や次元の個人を、どのように生み出してまた再生産するのか。これらのことが、それなりに系統だって説明されなくてはなるまい。

ところで、この本において、これら二つの目的を果たそうとするときに素材とするのが、ここ日本における戦後の社会とその変化である。すでに記したような戦後日本というフィールドがもつ分析上の利点を生かしつつ、日本における資本主義の戦後史をひとつの対象事例として、そこから、先の根本的な問いについての分析的な回答を引き出してくること。これが、この本のテーマである。

社会と分業にたいする「概念的再構成」

さて、ここでいう分析的というとき、それは、理論的といってもよいものである。社会科学がその対象としての現実をしっかりと捉えきることができるのは、なんらかの有効なコトバ（概念）とその体系によるしかない。それは、若きマルクスが書いた『経済学哲学草稿』のなかで、「現実（対象）の概念的な再構成」と称されたものである。そして、彼がやってのけたその成果が、あの『資本論』である。そもそも、社会学が社会科学のひとつであるかぎりにおいて、その対象を、これまでとはちがったコトバの次元においてあらたに発見し、そして十分に捉えきるためには、対象そのものの底から、それに見合ったあたらしいコトバとその体系を掘り起こしてくるほかかない。

ところで、これまで、「経済学の父」であるスミスにはじまって、一九世紀の知の巨人であるマルクス、そして社会学の立役者と言われているサンシモンやコントやデュルケム、そしてまたウェーバーやジンメルも、さらに、その後の二〇世紀のパーソンズをはじめとする社会学の巨匠たちも、いずれも、個人、そしてとくに社会というものを分析的に捉えようとするときには、なによりもまず、「分業」というコトバ（概念）をその土台としてきたのはよく知られている。

たとえば、スミスの「工場内分業」や「社会的分業」にはじまって、マルクスの「人格的依存関係」と「物象的依存関係」、サンシモンやコントの「秩序」や「産業社会」、スペンサーの「社会有機体」や「社会進化」、そして、デュルケムの「社会有機体」のほか、同じく「機械的連帯」と「有機的連帯」との対比などが、そうである。また、テンニエスの「ゲマインシャフト」と「ゲゼルシャフト」にしても、さらには、クーリーの「一次集団」と「二次集団」にしても、それまでの歴史においてみられた二つの分業体系のあり方に引きつけたところでの、人と人との関係のパターンについて言及したものといえる。

さらにまた、たとえばスミスの分業論についてみるとき、その「工場内分業」と「社会的分業」への言及は、たんに分業のあり方とそのちがいについて記されているというだけのことではない。つまり、そこには、分業の体系の単位、ひいては、「生産と共同」の体系の単位とその変化へのまなざしが光っていることを忘れてはなるまい。マルクスやデュルケムについても、そしてまた、右に記したそのほかの学者たちについても、大なり小なり、まったく同じようなことが当てはまる。

ところで、分業の体系、とりわけ社会的なそれに止目するこうしたいろいろな学説の流行じたいは、早ければ一八世紀、そうでなくても一九世紀半ばの先進ヨーロッパにおいては、すでに、社会的な分業のネットワークが、細かくかつ大がかりになっていたか、あるいは、そうなりつつあったということを示している。それは、反面で、それまでずっと変わらないできた半自給自足的な暮らしのあり方が、ものすごいスピードで退いていくということでもある。そしてそれらは、人々の生産や生活のレベルにまで大きな変化や困苦をもたらしてくる。そのひとつとして、そのころの、すさまじいまでの貧困や労働問題などをあげることができよう。それについては、たとえば、エンゲルスの『イギリスにおける労働者階級の状態——一九世紀のロンドンとマンチェスター』（原著は一八四五年）を手にしていただきたい。

一九世紀にあってのこうした世の中の切り替わりは、ひとりインテリたちにかぎらず、そのころを生きていた多くの人たちにとっても、それまでにはみられなかった、まったくあたらしい動きとして体感させられたことにちがいない。

また、ルイスワースの「都市的生活様式」をはじめとするシカゴ学派の人間生態論は、二〇世紀の初めにあっての移民大国アメリカにおいて、社会的な分業体系がギュッと加圧された場としての大都市における人間の生態をテーマにしたものともいえる。さらに、パーソンズの構造機能分析や「社会体系」にしても、近代になってから広がってくる細かく分かれた広大な社会的な分業体系をその土台に据えたものである。さらに、あの「地位と役割」の体系は、よく知られているように、そうした広大な分業の体系である「社会体系」を、まさに個々人のレベルから捉えかえそうとしたものにほかならない。

さらには、ルーマンの「オートポイエーシス」やハバーマスの「システム世界」にしても、その根底には、ひとまずのところ、社会というものは分業の体系とその拡大の上に成り立っているのだという、なにがしかの了解が溶けこんでいるといえよう。

ところで、古今東西、社会学といわれる学のなかの小さな分野やテーマは、ものすごく多岐にわたる。しかも、それらの業績リストの数は、おそらくは天文学的なものになるだろう。しかし、右に記したように、社会が丸ごとその対象とされているかそうでないかはさておき、これまでのヨーロッパやアメリカの社会学のほとんどは、大なり小なり、その大元のところで、近代の社会というものを分業のネットワーク体系としてみなしたり、あるいはイメージしたりしていたことについては、ほとんど共通しているといってもよい。かたや、この「分業」について正面からとりあげた本はほとんどないものの、おそらくは、日本のこれまでの社会学についても、それが当てはまるだろう。

そして時の流れとともに、その分業の体系は行きつくところまで広がりつくすとともに、あわせて、どこまでも細分化されている。それは、もはや人の手に負えないところまでからまりあっていて、複雑きわまりないものになっている。そして、そうした分業の体系の先頭を走っているのが、まさに、今、わたしたちが生きているこの現代という社会だということになる。

こうしてみると、一九世紀からこのかた、これまでの社会学は、その社会という対象にたいして、まずは「分業」というコトバ（概念）の大ナタをふるってから、そのほかのさまざまな対象や論点ごとに、それぞれの細やかな分析を行ってきたといえる。ともあれ、近代になって社会学がその学的な歩みを始めてからずっと、そもそも社会というのは、まずもって分業の体系の上に成り立っているのだという、学知の大本のところでの認識が、これまでのところ、なんとはなしに、そのままのかたちで引きつがれてきたといってもよかろう。

そうであるかぎりにおいて、今、さまざまに揺れている個人や集団や社会について、それを大本から問いなおそうとするとき、それは、まさにこの「分業」というコトバ（概念）の中身を、あらためて問いなおすということにもつながる、はずである。しかし、この「分業」というコトバは、しばらく前までは、近代とともに生成してきた社会と個人のあり方を捉えるのにとても役に立つ分析ツールであったとはいえ、それからあとは、どちらかというと、社会のありようを、いわば事実としてそのまま写しとる写実ツールとしてのみ使われてきたようなところがある。

この本のテーマは、すでに記したように、個人や社会について、あらためて根本から問いなおしてみることにある。それは、右に記してきた分業とのかかわりからするならば、この今という社会における分業という事実を、どうにかして「概念的に再構成」しなおしてみるという企てでもある。

これは、言いかえると、社会という現実を「概念的に再構成」しなおす、ということでもある。そのことによって、今を生きている個人、そして今の集団や社会のありようについて、どのように分析的に捉えなおすことができるのか。この本は、その企てでもある。そうすることによって、これまでの個人や社会のあり方についても、これまでイメージされてきたのとはちがったように見えてくることがあるかもしれない。また、これからの個人や社会のあり方についても、それをイメージしながら、なんらかの形にしていくうえでの、なにがしかのヒントが得られるようになるかもしれない。

二　この本の視点――「生産と共同」の体系の内部化・外部化・再内部化――

「生産と共同」の体系の内部化とその単位への着目

この本のテーマは、すでに述べたように、資本の発展とクロスさせながら、個人や社会とその変化について「概念的に再構成」するとともに、そのために、分業の拡大と深化についても「概念的に再構成」してみることにある。このとき、古今東西、人々の暮らしにとって欠かせない「生産と共同」の体系というものに注目しつつ、この体系のなにがしかの単位とのかかわりで、それらの体系をめぐる「内部化」と「外部化」と「再内部化」という三つの段階に注目するという視点が役に立ちそうである。ここでは、そのことについて記しておくことにする。

一九世紀からこのかた、資本の発展とともに、どの国においても社会的な分業がどこまでも広がるとともに、細分化されてきている。それは、一国レベルではもちろんのこと、もはやグローバルレベルにまで広がっている。とくに、ここ日本では、こうした分業のありようが、ヨーロッパやアメリカと比べると、とくに戦後から、ものすごいスピードで広がってきている。

この分業の広がりという事実は、ここ日本における一九五五年あたりからの動きを事例にしてよくよく分析してみると、それまで、さまざまな集団のなかに内部化されてきた「生産」とそのための協同や協力や協働や共用や共助や共感など――これからは、これらをまとめて「共同」とする――の中身や契機や条件のかなりのものが、それまでの「生産と共同」の体系の単位としてのなにがしかの集団の外へと外部化されて、それらの集団とその成員とは別のさまざまな主体によって広く分かち担われてきたプロセスとして捉えかえすことができる。

そうした集団の主なものは、とりわけ地域であり、そして家族である。そして、ここ日本では、三章でみるようなこの国ならではの事情があって、それに職場（カイシャ）を付け加えることができる。さらにまた、ここ日本ではその大切さがとっくに失われてきたものの、とくに国外においては、それに部族や氏族というものを付け足すことができるかもしれない。

これらの集団に共通するのは、古来、それが人々の暮らしにとって欠くことができない大きな役目を果たしてきたということにある。なぜならば、これらの集団は、大なり小なり、人々が互いに作りあげる「生産と共同」の体系をかなりのところまで体現する基本的な単位でありつづけてきたからである。そしてそれらは、ここ日本では、家（イエ）や村落（ムラ）をイメージすると分かるように、それぞれの地方ごとに、国内のいたるところに数えきれないくらいに分散していたのである。しかも、時をさかのぼればさかのぼるほど、その一つ一つは、それぞれの境を互いにくっきりとさせつつ、その「生産と共同」の体系の内部化の度合いがより大きくなり、しかも、ややオーバーに言えば、互いが、かなりのところまで完結した島宇宙のようなあり方でもって存立しつづけてきたのである。

古今東西、そもそも人は一人では生きていけないし、また、ひとつの家族だけでも生きてはいけない。つまり、人は、生きていくために、なんらかの生産を営むにあたっては、そしてまた、水や食料をはじめとするさまざまな生活材を手にするにあたっては、なによりもまず、人と人とが互いに協同し、また協力しなくてはならない。それがゆえに、いつでもどこでも、人々は、なんらかの「生産と共同」の体系とともに、そのなんらかの単位を欠くことはなかったのである。そして、ここ日本では、戦前から戦後しばらくのあいだは、右に並べたような集団こそが、そうした「生産と共同」の体系の基本単位であったといってよい。

それは、ただし、ここ日本においては、所によってまちまちではあるものの、せいぜいのところ、一九六〇年代あたりまでのことである。人々の職場であるカイシャ（第二のムラ）については、なんとか一九九〇年あたりまでは、人々のなにがしかの「生産と共同」の場であることができたものの、それからは、そうした場であることができにくくなりつつある。こうして、二〇〇〇年代になると、ここ日本においては、カイシャを含めたこれら古くからの「生産と共同」の体系とその単位としての集団は、すっかり衰えたり崩れたりしてくる。あるいは、消えかけたりしさえするようになる。それについては、大まかにではあるが、すでに記したとおりである。

「生産と共同」の体系の外部化、そして再内部化への着目

ここ日本にかぎらないことであるが、こうした生産の体系の単位としての集団が内部化させていた共同のもろもろの契機や条件が、時とともにこれらの集団から互いに外部化されて、そうしようとさえすれば、その集団とは別の担い手によって代替できるようになる。というよりは、人々にしてみれば、大なり小なり、そのようにしなくてはならなくなってくる。

それは、たとえば、人々がその昔から共用してきた井戸水と今日の水道とを比べてみれば、すぐにでも分かることである。つまり、かつては、人々が協力して地面を掘って水を探り当て、そしてさまざまなルールを作ってその保守に努めてきた井戸が、今では、自治体の運営する公的な水道によって代替されている。あるいは、どこかの会社がどこかで大量に汲み上げている地下水のペットボトルによって代替されている。つまり、かつて、生活水は地域の内側に内部化されてあったものが、今では、地域の外へと外部化されている。これは、たまたま水について記しただけで、いうまでもなく、同じようなことのほんの一例にすぎない。

こうした外部化の流れが速くなるのは、早いところでは、ほぼ一八ないし一九世紀のヨーロッパからのことである。しかしそれは、遅かれ早かれ、そのほかのほとんどの国においても当てはまる歩みである。そして、この相互外部化のとてつもなく巨大な体系こそが、社会的な分業の巨大な体系だとみなすことができる。また、それは、これらの外部化を牛耳っている資本と国家の巨大な力が、言いかえれば、近代から伸長してくる「システム世界」（ハバーマ

ス）の力がだんだん強くなってくるプロセスだとみなすことができる。それが、ここ日本においては、とくに一九五五年あたりから、とてつもないスピードですすんできたのである。

さて、一九八〇年代の半ば、とくに一九九〇年あたりから、こうした社会的な分業の体系は、集団からの「生産と共同」のいろいろな契機や条件の外部化の次元にとどまらない広がりと深みにまで立ちいたるようになる。それは、人々の暮らしそのもの、もっというと、さまざまな集団をはるかに超えて、一人一人の衣食住、そして一人一人の気晴らしや自己表出、そして、一人一人の健康や性や楽しみや交流や欲求といった、各人のありとあらゆる行為や内面のレベルにまで及んでくる。つまるところ、古今東西、古くから一人一人の人生のなかに内部化されてきたさまざまな能力や力量や感性や欲求の表出対象やその手段が、ここにきて、各人の内から外へと外部化され、それが、そうしようとしさえするならば、各人とは別の担い手によって充当されるようになる。というか、そうした暮らしを強いられるようになってくる。

こうしたなかにあって、各人は、その代替的な主体が用意してくれている分厚いカタログのなかから、それぞれの必要やＴＰＯに応じて、みずからの暮らしや欲求や自己表出、つまるところ、人生に入用と思われる材やサービスを選んで手に入れるというライフスタイルを身につける。もしくは、そうした暮らしを強いられるようになるのである。今、人々の暮らしや生き方を支えるさまざまな材やサービスの広がりは、一人一人の生活や内面のなかから外部化されてきたモノやココロの膨大な分業のリストでもある。それは、日々の暮らしのなかですでに実現されているリストであるとともに、いつかどこかで実現しそうな可能リストでもある。あるいは、人によっては、けっして実現することもなさそうな架空リストでもある。

もちろん、それは、ほとんどのケースにおいては、カネや国籍といった手段がなければ入手しにくいものである。ともあれ、これが、社会的な分業を、とくに個人を相手にしたいろいろなサービスをテコにしつつ、さらに広くおしすすめることになる。その分業の体系とともに、そのサービスのカタログを用意しているトップクラスの主体でもある資本（カネ）と国家（権力）の力が、人々の暮らしの、すみずみにわたるまで強まってくる。

これら二つの次元に分けることができる分業体系──ひとつは、集団がその内に内部化させていた「生産と共同」の体系の外部化をテコにした分業体系。もうひとつは、一人一人の個人のなかに内部化されていた能力や力量や感性や欲求などの外部化をテコとした分業体系──がものすごいスピードで深まるとともに広がったのが、ここ戦後の日本ということになる。

ところが、ここ日本において、一九九〇年ころから、とくに二〇〇〇年代になると、これまでとは「別の」、あたらしい動きが生じてくる。つまり、とことんまで外部化されるばかりであった「生産と共同」の体系について、そのなにがしかの部分を、もう一回、とくに地域（圏）のなかに、あらためて取りこみなおそうとするような動きが広がってくる。それは、たとえばコミュニティビジネスのほか、伝統工芸をはじめとした地場産業のリニューアルといったかたちでも現れてきている。あるいは、地域エネルギーの自給や地産地消の動きといったことも、そうした現れのひとつとみなすことができよう。くわしいことは六章と七章で記すことにするが、それとともに、地域の外へも開かれた、いわば地域への「まなざし」を土台にした、これまでとは「別の」経済的な営みと、それを土台にしたあらたな分業のネットワークが生成しつつある。それは、まだまだささやかではあるものの、「生産と共同」の体系のいわば地域再内部化とでもいえるような動きといってよいかもしれない。

こうして、今、ここ日本において、人々がこれまで作りあげてきた「生産と共同」の体系は、戦後のたった半世紀あまりのあいだに、その体系の単位とのかかわりにおける「内部化」と「外部化」と「再内部化」という三つのステージを経験してきているということができよう。その目まぐるしさは、すでに記したように、先進ヨーロッパにはとてもみられなかった、ここ日本ならではの、できごとであったといえよう。

さて、この「内部化」と「外部化」と「再内部化」という、三つのキーワードをもとにして戦後の日本社会をふりかえってみたとき、そこから、分業とその変化という事実をどのように「概念的に再構成」することができるだろうか。そこから、さらに、個人や社会のどのような特徴とその変化をみてとることができるだろうか。また、そこから、個人や社会をめぐるどのような矛盾や課題や論点を拾いあげることができるのだろうか。つまり、そのことによって、個人や社会という現実を、どのように「概念的に再構成」することができるだろうか。さらには、それらをとおして、これからの個人や社会のあり方を、どのように見通すことができるだろうか。これについて、はじめに、一章からみていくことにする。

一章　戦前日本における個人と社会とその限界
――「生産と共同」の体系の地域内部化段階における個人と社会――

一　人類史における「生産と共同」の体系とその単位

人類と「生産と共同」の体系

先史からこのかた、人々が生きていくためには、命にかかわる水や食料のほか、身にまとう衣服や安全な住居、そしてそれらを作るための原料や材料、そして道具などがどうしても欠かせない。そして、そうした生存材は、時がたつにつれて、だんだんとそのレベルを上げてきた。今まで人々は、ただたんに、みずからの命とその種をつないできただけではない。人としてどのように豊かに生きるのかについても、いろいろと工夫を重ねてきたのである。

そのためには、生存材のほかにも、暮らし方や生き方にかかわるさまざまな生活材とそのレベルアップも欠かせない。人類史は、大まかに言えば、そうした生存材や生活材とそのレベルアップへの営みであり、そしてそのための手段や方法のレベルアップへの営みでもある。それは、人々が、何世代にもわたって、そのなにがしかの目的に合わせて自然へと働きかけてきた生産とその体系の歴史であるとともに、それをとおして、自然を人工的に作り変えてきた文明の歴史でもある。

そこで大切なのは、人々にとって、その生存や生活のためには、人と人とが互いに作りあげるなんらかの共同とその体系が欠かせない、ということである。そして、その共同のなかには、人と人との直の、そして目に見える協同や協力のほかにも、共有や共助や共感といった、「共」にまつわるさまざまな活動や意識や感情も含まれている。それはまた、人と人とのあいだにはもちろんのこと、家と家、もしくは地域と地域とのあいだにもみられるものだといってもよかろう。

いずれにしても、人々は、けっして一人では生きていけないし、また、ひとつの家族だけでも生きてはいけない。それは、あまり深く考えなくても分かることであるし、古今東西、人々の暮らしがあるところ、いつでもどこにでも当てはまる。ただ、その共同の具体的な中身やその体系が、時と所によって、それぞれまちまちな現れ方をするというだけのことである。

もちろん、それは、人と人との目に見える直の共同とその体系にかぎったことではない。たとえば、食べるための肉をとりあげてみるだけでも、かつては、部族のメンバーによる狩りという共同の営みによっていたものが、今では、和牛のほかにもUSビーフやオージービーフとして、わたしたちの食卓に上る。そこには、生産や流通や小売りやサービスなどはもちろんのこと、それらをめぐる法や制度などにかかわる、互いに見ず知らずの、とても数えきれないほどの人たちによって分かち作りあげられた、ほとんど目には見えない共同の体系が、ギュッと詰めこまれている。このほかの、わたしたちの生活をとりまく多くの例についても、それは、もはや言わずもがなのことである。

こうして、人々の生存や生活のあり方は、古今東西、人々が作りあげているなんらかの「生産と共同」のあり方と一対になっている。それは、若きマルクスが、その『経済学哲学草稿』のなかで記しているところの、人間の活動がもっている「対自然」と「対人間」との関係とは、そもそも一対のものだ、という考えを引くまでもなく、ごくごく自明のことである。

ところで、人々が自然にたいして働きかけながら、生存や生活にかかわるさまざまな材を作り出し、それをレベルアップさせていくためには、人々の「生産と共同」の体系のほかにも、いくつかの欠かせない条件がある。

そのひとつは、知や情報である。人々は、生存や生活という営みを繰りかえすなかで、そうした営みにかかわるさまざまな知や情報を、そしてまた、そうした営みがもっている人々にとっての意味や意義にかかわるさまざまな知や情報を手にする。そして、それを何世代にもわたって、みずからの暮らしに欠かせないものとして蓄えてきている。そこには、古くはカンや伝習や迷信からはじまって、だんだんと、今日における科学の先端知にまでいたる長い道のりがつづいている。それはまた、とりもなおさず、人々の教育や訓練、つまりは人材の育成史でもある。

さらに、人々は、これらの生存や生活、そしてそのための人と人との共同という営みのなかから、それらにかかわるルールや仕組みをも作り出してきている。そこにも、古くは掟や慣行や先例などといった生活準則からはじまって、今日の組織をめぐるさまざまな管理や運営のマニュアル、そして、一国もしくは国を超えたレベルでの法や制度にまでいたる長い道のりがつづいている。

そのほかにも、人々は、「生産と共同」の体系を介してさまざまな生存材や生活財を作り出してくる営みのなかで、みずからに納得のいく生き方のほか、愛や憎しみ、そして喜びや楽しみや苦しみや哀しみや怒りといった、人々のいわば自己表出や自己実現にかかわる営みやその成果をも蓄えてきている。そこにも、古くは土器や武器やその文様のほか、洞窟や古墳のなかの壁画、また、部族の音楽や踊りや化粧からはじまって、今日のさまざまな芸術や娯楽や文学や哲学、そして、ファッションや建築などにいたるまでの長い道のりがつづいている。

こうしてみると、先史からこのかた、人々がその生存材や生活材を作り出して蓄えてくるという営みは、直接と間接とにかかわりなく、その営みのためにはなくてはならない、もしくはその営みから生じてくるさまざまな要件をも生み出してくることが分かる。そのいくつかとして、ここではひとまず、右に記したような、知と情報の体系、管理と運営の体系、そして表出と表象の体系などを取り出すことができる。

このほかにも、あげようとすれば、もっとあるかもしれない。しかし、これらの体系は、「生産や共同」の体系の「ほかに」というよりは、むしろ、広くは、「生産と共同」の体系の「なかに」編みこまれているものだといったほうが正しい。いずれにしても、「生産と共同」の体系を介して人々がさまざまな生存材や生活材を作り出してくる営みは、たとえ時をどこまでもさかのぼってみたとしても、それは、少なくても右にあげたような体系をあわせ作り出してくる営みでもあったといえる。そして、それらは、今日から比べるとものすごく初歩的なものであったとしても、それぞれがバラバラにではなく、互いに密にからまりあっている一定のまとまった体系をなしているとみなすことができよう。

このように、生存材や生活材、そしてそれらを作り出す生産の体系は、人々による広い意味での共同の体系と一対になったものである。それは、人類の生産や消費といった営みのあるところ、いつでも、そして、どこにでも当てはまる宿命だといってもよかろう。もちろん、それは、同世代においてというだけでなく、たくさんの世代をまたいだところにも当てはまる、まさに歴史的な宿命でもある。

「生産と共同」の体系の単位としての地域共同体

ところで、こうした「生産と共同」の体系は、いつでもどこでも、そのなにがしかの単位と切っても切れないかかわりにある。

よって、その単位について考えてみるとき、これまでの人類史をふまえれば、そこには、なによりもまず家族があげられる。しかし、それとて、すでに記したとおり、ひとつの家族だけではとても暮らしてはいけない。よって、「生産と共同」の体系の基本単位として、家族をもっと延ばしていったところにある、同族もしくは氏族などを取り出すことができる。さらには、もっと大きなものとして、部族や士族いった集団を取り出すこともできよう。

そして、これらのさまざまな集団は、時をさかのぼればさかのぼるほど、そのたゆまない存立のためには、生存のための生産はもちろんのこと、そのための人と人との、目に見える直の共同という営みそのものを欠くことはできない。つまりは、「生産と共同」という営みやそのためのさまざまなきっかけが、その単位集団じたいのなかにかなりのところまで内部化されているときにこそ、その「生産と共同」の体系の単位集団そのものが存立しえる。そのことをかなり荒っぽく言いかえれば、「生産と共同」という営みやそのきっかけのないところに、「生産と共同」の体系が内部化されている単位集団はないということになる。

また、このときの単位集団は、「生産と共同」という営みそのものを有効にしながらその実を上げるためにも、その成員の数にはそれなりの限りがある。さらには、資格についても、それは、どこの誰でも、どのような人でもよいというように、なにがしかの単位集団の外に向かって開かれたものというわけにはいかない。それは、むしろ集団の内に向かって閉じたものであるし、また、そうでなければなるまい。なぜならば、そうした成員の数や資格はもちろんのこと、その行動や規範についても、当の集団への求心的な性格を強くしないかぎりにおいては、「生産と共同」の体系そのものを保つことができなくなるからである。

とはいえ、「生産と共同」の体系の単位集団における成員の数と資格については、その集団が置かれているところの気候や風土や環境、そして生産力や文化などといった条件によって、さまざまであろう。しかし、「生産と共同」の体系そのものを保っていくことができるためには、その集団における成員の数と資格の二つとも、それなりの、ある限られた幅のなかに収まっていなくてはなるまい。ここ日本において、江戸期の人口がせいぜいのところ三千万台半ばくらいに収まってきたのも、じつは、そのようなことからである。ちなみに、明治大正期になると人口はまたたくまに増えてきて、戦後の一九六五年には、一億人ちかくにまでなってくる。それは、生産力をはじめとして、医療や福祉などが良くなってきたからだけではなくて、それとあわせて、この「生産と共同」の体系とその単位に大きな変化があったからだとみなすこともできよう。

ところで、こうした集団のうちで、その「生産と共同」の体系がかなりのところまで内部完結しているものとして、先に記したように、氏族もしくは同族、そして部族をあげることができる。これらは、その地域性という性格を並びもつがゆえに、ここでは、これらを一括りにして、地域（共同体）ということにしておく。ここ日本にあっては、とくに明治大正そして昭和の半ばあたりまでのあいだ、ひとつないしいくつかの同族団によって作られていた村落（ムラ）が、その代表的なものである。

そして、この「生産と共同」の体系がかなりのところまで内部化されてある単位としての地域は、いわばそれぞれが島宇宙のように求心化されつつ、あちこちの地に、かなりの数にのぼって散らばっていたといえる。時をさかのぼればさかのぼるほど、それぞれが利用できる資源や生産力の制約もあって、互いに分散していないと、それぞれの地域は、なかなか共存しえなかったからでもある。

しかし、こうした地域は、その「生産と共同」の体系をかなりのところまで内部化させていたとはいうものの、互いにまったくバラバラな島宇宙として孤立していたわけではない。もともと、現実的にも可能的にも、「生産と共同」の体系は、それぞれの単位集団だけでは十分には完結しえないものといってよい。それは、ここ日本でいえば、移動しながらの狩猟採集をもっぱらとする縄文の世においてさえ、鋭い石器になる黒曜石やサヌカイトなどの広範な交易があってこそ、それぞれの部族が成り立っていたことをみれば明らかである。弥生や神話の時代における青銅や鉄についても、ほとんど同じことである。

こうして、それぞれの「生産と共同」の体系の単位集団は、それじたいがかなりのところまで内部完結していたとはいうものの、じっさいのところは、古今東西、まわりのいくつもの「生産と共同」の単位集団とが互いに補いあうことによって、それぞれが、それなりに存立しえてきたのだといえる。

このように、「生産と共同」の体系を内部化させたそれぞれの島宇宙は、もともとからして、それぞれが自立しているようにみえたとしても、じっさいは、互いに、どこかで補いあっていなくてはならないものである。資源や環境、地理や風土、技術や情報、余剰生産物や言語などにみられる差異や固有性は、そもそも相対的なものである。その相対的な固有性こそが、さまざまな集団どうしの物々交換や贈与といった人間の活動の土台をなしている。そしてそれは、分業そのものが成り立つところの、そもそもの土台であるといってもよい。

しかも、それらは、それぞれの「生産と共同」の体系の単位集団を成り立たせる現実的な条件であるとともに、潜在的な条件でもある。つまり、たとえある時点や場所においてじっさいに存在しているものであっても、それとは別の時と所によっては、それがまだ可能性としてのみ埋もれたままであることも多い。しかし、それぞれの集団をとりまく状況がだんだんと変わっていくことによって、それらの潜在的な条件は、時とともに、いつかどこかで現実のものになっていくものでもある。そうした意味で、「生産と共同」の体系のそれぞれの単位集団のなかに内部化されてあるさまざまなその存立要件は、互いに、現実的かつ潜在的な性格をもっているということになる。

つまり、それぞれの単位集団のなかに自立的に内部化されてある「生産と共同」の体系は、もともと、現実的にも、そして可能的もしくは潜在的にも、その「生産と共同」の体系に含まれるそのさまざまな存立要件の互いの交換への回路、したがって互いの分業への回路を、あらかじめ組みこんであるものとみなすことができよう。よって、やや先回りして言うならば、「生産と共同」の体系が内部化されてあるそれぞれの単位集団は、その体系を支えるさまざまな要件が、いずれは、社会という広大な宇宙の生成へと向かって互いに外部化＝ビッグバンしていくエネルギーをつめこんだ、ひとつの「胚」のようなものに例えることができるかもしれない。

二　「生産と共同」の体系の地域内部化段階における個人と社会
——社会的な分業体系とのかかわりで——

戦前における「生産と共同」の体系の単位としての村落

さて、ここ日本において、江戸期末の人口は、せいぜいのところ、三〇〇〇万台の半ばくらいまでだったといわれている。「江戸三百諸侯」という言い方があるが、藩の数は、改易や転封などがあったために、いつでも定まっていたというわけではない。しかし、明治にかけては、おおよそ二七〇くらいであったとされている。

江戸は、すでに一〇〇万人の城下町であったが、京と大阪が、それぞれ三〇万人くらいである。これら三都のほかに、名古屋と金沢が一〇万人くらい、長崎や堺、そして神戸や横浜や函館などの港町が、三万から六万人ほどである。そのほかの城下町については、その七、八割ほどは、いずこも、一万人にもならない。やや大きなところでも、三万から五、六万人といったところである。

こうしてみると、今でいうところの町場の人口は、すべて合わせても、せいぜいのところ、三五〇から四〇〇万人くらいだったとみてよかろう。日本の人口の九割ほどは、いわゆる「百姓」として、国土のあちこちに散らばっていた農山漁村などに暮らしていたのである。

つぎに、明治になってから、一八七一（明治四）年に、廃藩置県がなされている。これによって、同年末までには三府七二県にまで統合されるものの、当初は、三府（東京・京都・大阪）と三〇二県が定められている。このときの県のなかには旧天領だったものも含まれているが、県の多くは、幕末における藩を、かなりのところまで引きついだものとみなすことができる。

一八九〇（明治二三）年における全人口は、おおよそ三九〇〇万人であった。その年に、政府の財政難がつづいていたこともあって、自治体の大きさを役所の仕事に見合ったものにするために、市制町村制が施行される。いわゆる「明治の大合併」が、それである。それまでは、自治体としての町と村の数は、合わせて七万一、三一四であり、それは、ほぼ、幕末における町方（町内）と地方（村落）の数を引きついだものだとされている。そして、それぞれの自治体の大きさは、おおよそ一〇〇戸くらいのものであった。しかし、もっと少ない戸数にとどまっている町や村もかなりあり、それで全体の七割くらいを占めていたといわれている。

ちなみに、一八七二（明治五）年の人口は、ほぼ三四八〇万人くらいだったとされているが、この年に定められた学制では、はじめは、全国に五万三、七六〇の小学校を置くことになっていた。ここからも、それが、右にみたところの旧来からの町内と村落とを合わせた数に、かなり近いものだったということが分かる。こうしたことから、明治になってからも、しばらくは江戸の旧体制を引きずりながら、主に村落における人々のいわば地縁的かつ共同体的な生産と生活の単位が、そのまま行政上の自治単位とされていたことがうかがわれる。

それが、市制町村制が始まってからは、いくつかの例外はあるものの、それぞれの町や村は、おおよそ三〇〇から五〇〇戸くらいをその目安として設けられるようになる。これによって、それまではゼロであった市の数が三九に、そして町と村は、合わせて一万五、八二〇になっている。こうして、曲がりなりにも中央集権的な地方自治の大枠ができあがってくるとともに、だんだんと近代的になっていく自治体行政への歩みがスタートしたのである。

ちなみに、一八七二（明治五）年の大区小区制――県の下に、旧来の町内や村落のいくつかをまとめて小区を置き、さらに、その小区をいくつかまとめて大区とする――が、七八年には廃止されている。それは、とくに古くからの名主や町年寄といった地元役人をはじめ、そこに暮らす多くの人たちにとって、政府によって上から割り当てられたこの小区が、それまでの水利や入会をはじめとする共有財産の運営の実状に合わないために、あちこちでかなりの反対にあったからだとされている。

　同じようなことは、先の市町村制が施行されてからもつづいて、山林を主とする共有財産のかなりが自治体の財政に組み入れられるのは、昭和の初めころをまたなくてはならなかった。そのことは、前近代における旧来からの「生産と共同」の体系の単位としての町内や村落が、明治にあってはもちろんのこと、ほとんど戦前まで、それだけ強固なまとまりをもっていたということを示している。それは、かなりの数に上っていた神社の統合政策にたいする同じような反対という史実にもみてとれよう。

　さて、ここでかなり古い話を引いてきたのは、幕末から明治のあたりの「生産と共同」の体系の単位としての地域（町内、とりわけ村落）そして、明治の半ばまではそれとほぼ重なっていた行政上の単位としての町や村のおおよその大きさとその数をイメージしておくためである。

かなりの先回りになってしまうが、こうした地域集団は、明治から戦前まではもちろんのこと、戦後になってからも、その数や内容はかなり変わってくるとはいえ、しばらくのあいだは、ここ日本における「生産と共同」の体系の大切な単位として生きながらえてきたのである。それは、くわしくは二章で記すことにするが、おおよそ一九六〇年あたりまでのことだといえよう。ちなみに、一次産業の占める就業者比率は、一九〇〇（明治三三）年で七〇パーセント、一九三〇（昭和五）年と一九五〇（〃二五）年で、ほぼ五〇パーセントである。一九五五年には四一パーセント、六〇（昭和三五）年になると、三三パーセントとなる。

さて、戦前にあって、「生産と共同」の体系の単位としての村落という集団においては、たとえ時と所によってまちまちであったとしても、大なり小なり、ほとんど半ば自給自足的な暮らしが保たれていた。よって、これらの集団、もしくは、そこに暮らす小作人を主とする農民たちのほとんどは、生活そのものが今のように商品化されていないこともあって、自由な市場のネットワークとの接点は、そんなにたくさんあったわけではない。

そもそも、そのころの小作人たちの多くは、みずからの生産物をいつでも好きなように市場で売りさばく、といった仕組みをとってはいない。小作人たちが生産する米をはじめとする一次産品は、地主制のもと、そのほぼ半分あまりがいったん地主に納められたあとに商品化され、それが、証券や貯金をとおして殖産興業のための資金へと吸収されていく。村落において市場と広く向き合っていたのは、まずは、「寄生」か「耕作」かにかかわらず、こうした地主たちがその中心であったといえよう。そしてつぎには、全国平均でほぼ三割を占めていた自作農たちであったが、その生産材や生活材についても、市場によるものがなかったわけではないにせよ、やはり半ば自給自足によるところが大きかった。

こうして、小作であれ自小作であれ、もしくは自作であれ、いずれにしても、戦前の村落における農民たちの「生産と共同」の体系については、それぞれの農家が自立してその一部を担うような仕組みやレベルにはなっておらず、しかも、その暮らしにはかなり苦しいものがあったということに変わりはない。

それがゆえに、町内、とくに村落は、やや大げさに言うならば、それぞれがあくまでも半ば自給自足的な「生産と共同」の単位集団として存立したまま、地主制を介することで市場のネットワークにつながっていたのである。言いかえれば、戦前までの町内、そしてとりわけ村落は、一方で、それぞれの「生産と共同」の体系を内部化させた島宇宙として存立したまま、他方では、地主制という回路をとおして、日本の初期資本主義体制の支配下に、がっちりと組みこまれていたということになる。

村落における「個人」？

このようにみてくると、戦前における村落に生きていた一人一人の村民からしてみれば、その暮らしは、あくまでも「生産と共同」の体系の単位としての地域集団のなかに固く張りつけられたままである。よって、そこから自立したり浮上したりすることは、よくよくの例外でもなければ、とてもできない相談であったといえよう。それは、在村の小さな耕作地主たちにとっても、やはり村の外に出て生きていくことはできなかったということにおいては、ほとんど五十歩百歩のことである。

こうして、少なくても明治から戦前までにあって、ここ日本においては、そのかなりの人たちにとっては、村落（ムラ）での暮らしがほとんどすべてだったといっても言いすぎではあるまい。そこでは、人と人との直できめ細やかな共同をつづけなければ生活そのものが成り立たず、しかもそこには、さまざまな半封建的ともいえる慣習やルールが忍びこんでいる。そのぶんだけ、今でいうところの自己主張とかプライベートな暮らしそのものも、ままならない。また、生産力があまりにも低かったがゆえに、そもそも一人一人が独力で生きていくといったことは、まったく思いもよらなかったことである。

ちなみに、税についてみても、大正期末における個人納税者はせいぜい一八〇万人くらいであり、昭和の初期においても、国税収入に占める所得税は、その二割にもならない。一九二五（大正一四）年の全人口が、ほぼ五、九七四万人であり、そのなかの郡部人口がほぼ八〇パーセントだったころのことである。

こうしたことから、一九一〇年代から二〇年代にかけての大正デモクラシーのもと、選挙権をはじめとするいろいろな権利の主張が叫ばれるなかで、村落での営みをもっぱらにしていた多くの日本人にとっても、何かのきっかけによって、「個人というもの」や「社会というもの」をイメージしたり期待したりすることはあったかもしれない。しかし、それをみずからの暮らしのなかで体現させるには、「生産と共同」の体系の単位集団としての村落がもっている共同体としての磁場があまりに強すぎた、ということができるのではないだろうか。

こうして、「個人と社会」というテーマについてみるとき、戦前におけるごくわずかなエリート層の人たちを別にすれば、ムラのなかでフツーに暮らしている大半の日本人にとっては、小説においてならまだしも、じっさいには、なかなか体感しにくかったというのが本当のところであったかもしれない。

それでは、ここ日本において、明治から戦前までにみられた社会的な分業体系は、じつのところ、どのような内容と性格をもっていて、どのような発展段階のもとにあったのだろうか。そしてそれは、ここ日本における社会や個人の生成と、どのようなかかわりにあるのだろうか。

「生産と共同」の体系の地域内部化と地域間分業

ややまわり道になってしまうが、まずは幕末のころについて、少しだけ記しておくことにする。

一八世紀も半ばになると、生産力がかなりのところまで上がってきて、商品としてのコメはもちろんのこと、各藩のさまざまな鉱産品や農漁産物をはじめとする特産品が、江戸や大坂を核として各地に出回るようになってくる。また、綿や菜種や漆や藍などの商品作物も、どんどん栽培されるようになる。それとともに、魚肥や油粕といった金肥の流通も広がっていく。さらには、和紙や漆器や陶磁器などの手工芸品などについても、まったく同じようなことが言えよう。そして、それらを仕切っていたのは、問屋制家内工業もしくはマニファクチュアもどきの段階にあった産品ごとの専門問屋や、これらの流通を一手に引き受けていた廻船問屋などである。それは、産業資本というよりは、まだまだ商業資本といってよいのは言うまでもない。

こうした生産や流通のあり方は、それが幕藩体制のコントロールのもとにあったとしても、たしかに、産業や職業における社会的な分業という一面もあるかもしれない。しかし、それよりはむしろ、それぞれの藩における特産品をバネとした、「産地」を中心にする互いの地域間分業として捉えたほうがよさそうである。しかも、そうした分業の広がりは、それが人々の暮らしにとってなくてはならないものになりつつあったとしても、まだまだ初期のレベルにとどまっていたといえよう。なぜならば、さまざまな食材や生産材をはじめとして、そのほかの日常の生活材の供給については、大なり小なり、そのほとんどが、それぞれの藩という狭い地域のなかに、かなりのところまで内部化されていたといってよいからである。

戦前においても、とくに明治から大正にかけては、ここ日本における社会的分業は、それとほぼ似たような性格が、まだかなり残っていたといってよいかもしれない。

つまり、食品でいえば、砂糖や塩などのほか、昆布や鰹節といった各地の特産品のようなものとか、洋菓子やビールなどの嗜好品を別にすれば、まだまだかなり狭い地域のなかでのみ流通していたものがほとんどだからである。そうした流通のあり方は、たとえば、みそや酒やしょうゆなどを例にとれば分かるとおり、戦前にかぎらず、この今でも、よくみられることである。

塩魚や干物ではない生魚、そして肉や果物などについても、まだ冷蔵庫というものがなかったこともあって、庶民にはほとんど手が出なかった外食分を別にすれば、そもそも、全国レベルでの商品としての消費そのものからして、かなり少なかった。よって、それらのほとんどは、同じように、狭域、もしくは、せいぜいのところ、旧藩とかそれをいくつか合わせたような中広域の地域圏のなかで生産され、流通していたとみてよかろう。

そのほか、家具や台所用品などをはじめとする家財についても、もちろんそのすべてではないし、また、とくに大都市でのような例外もあるが、そのかなりのものについては、同じようなことが当てはまるだろう。つまり、このころにあっては、機械や道具などの生産材のほか、綿や絹から作る糸や布などは別として、身の回りの日用品や食品は、わずかな例外はあっても、地元の小さな業者によって作られたり売られたりしていたものがほとんどである。そして、その商圏も、まだまだ狭域、もしくは、せいぜいのところ中広域なところまでの地域圏が主であったといえる。それは、資本の生産力が、まだ、そうした地域圏をはみ出していくほどの余剰を生み出すまでにはなっていなかった、ということでもある。

こうしてみてくると、ここ日本においては、とくに生活材の市場についてみるならば、明治から大正にかけてのその社会的な分業は、全国レベルというよりは、せいぜいのところ、中広域の地域圏のなかでほとんど完結していたものが大半であったといってよいかもしれない。わずかな大都市を別にすれば、日々の暮らしのなかでよく使われる日用品や食品については、まだまだ半自給自足的な暮らしが保たれていたこともあって、そもそも商品化されていたものには限りがある。よって、それらのほとんどは、村落とその近辺を単位とする狭域での供給でもって充たされていれば十分だったのである。そして、それでは足りないものについてのみ、せいぜい中広域での地域圏において供給されていたといってよい。さらに、それでも足りないものについてのみ、それぞれの「産地」を中心にして、そこから大都市をはじめとして互いに各地へと広がっていく地域間分業とでもいえるようなかたちをとって充足されていたといえる。

さらには、いくつかの基礎素材型の産品や繊維を別にすれば、生産や生活にかかわるなにがしかの加工品の大半は、まだ、家内工業やマニュファアによって作り出されていたとみてよい。よって、家業やその家内労働に分かりやすくみられるように、労働力とその技能の育成も、職人といったかたちをとりながら、こうした地域のなかにかなりのところまで内部化されていたものがほとんどである。そして労働力や人材のみならず、じつは人口そのものも、この地域圏のなかに、そしてまた、村落（ムラ）をはじめとする共同体のなかに、かなりのところまで内部化されてあったといえよう。ちなみに、ここ日本において人口そのものが大きく増えてくるのは、とくに戦後になってからのことである。そして、それは、医療や福祉や栄養などのレベルアップもさることながら、じつは、右に記したような内部化体系が崩れてくることとも深いかかわりがあるといえよう。

そのほかに、中小の地方財閥の資本についても、その多くが、同族や名望家や名士などが蓄えていた資金を元手にしたものであったことから分かるように、これもまた、そのかなりが、地域のなかに内部化されていたといってよい。

これらのことは、生産の体系のみならず、それをめぐる人と人との共同の体系、それらにまつわる知や情報の体系、そして、それらをうまく回していくための管理や運営の体系、またそれらの体系をとおして創出される表出や表象の体系といった、「生産と共同」の体系のなかに編みこまれているもろもろの要件が、ややマクロな見方をするならば、かなりのところまで、この狭域もしくは中広域の地域圏——それは「郷土圏」とでもいえそうである——のなかに自立的に内部化されていたということを示している。逆に言うならば、戦前まで、とくに明治から大正にかけては、それぞれの地に自立的に内部化されていた「生産と共同」の体系は、そしてそれらの体系の担い手たちは、その体系をそれぞれの地域の外へと拡張させていく客観的かつ主体的な条件を、まだ十分なかたちでは手にしえていなかったということでもある。

こうして、大まかにみて戦前までにあっては、大都市はさておくとしても、それぞれの地における「生産と共同」の体系のあり方は、狭域もしくは中広域の地域のなかに内部化されてきたところの、風土や文化や人の気質などを含めた地域固有の資源（locality）の上に成り立っていたといってよい。それぞれの地域圏（郷土圏）がもっている地域固有性とその経済的ならびに文化的な意義が、ここでは、まだまだ十分に生きていたのである。そのなかには、今でも、郷土芸能のほか、郷土料理や伝承や風習などとして生きつづけているものも、たくさんある。そして、たとえば鉄道や電力や新聞などですら、時をさかのぼればさかのぼるほど、ある限られた地域ごとに経営されていたのであり、電力を別にすれば、この今でも、その名残があるところも多い。

こうして、明治から大正にかけての日本における「生産と共同」の体系をみるとき、わずかな大都市はさておいて、その大半は、とりわけ村落（ムラ）という地域共同体を単位としていたのであり、もっと広めにみても、中広域の地域圏がせいぜいのところだといってよかろう。そこでは、わずかな例外は別にして、ほとんどの人々の暮らしは、それぞれの小さな村落という島宇宙のなかで営まれていたのであり、それぞれが、全国レベルに広がっていく産業や職業における社会的な分業体系のなかの、なにがしかの役割を担っていたわけではない。そこにあったのは、「生産と共同」の体系の単位集団としての村落における、人と人との直の目に見える共同であり、そして、そうした共同を保たないと生きていけなかった、村人たちの日々の暮らしである。

二章　「地域圏外部化社会」と「先んずる個人」
——戦前日本における社会の生成と個人——

一　地域圏ビッグバンと地域圏外部化社会——「生まれたての社会」の生成——

ここ日本では、明治から大正にかけて、港や船舶のネットワークのほか、だんだんと延びていく鉄道ネットワークなどといった運輸の近代化とともに、人々の暮らしに欠かせない食品や日用品をはじめとするさまざまな生活材の市場が、都市をはじめとして全国にまで広がっていく。木炭に代わるエネルギーとしての石炭についても、また、石炭から作る肥料や薬品についても、同じである。さらに、八幡製鉄所が一九〇一（明治三四）年に操業して、それから四年ほどして生産が上向いてくると、たたら（和鋼）に代わって洋鉄が使われるようになる。明治の末あたりには、その生産が本格化するにつれて、またたくまに、市場が全国へと広がっていく。

セメントや煉瓦などについても、同じである。ただ、こちらについては、初めのうちはやはり官営工場で生産されていたものが、明治の半ばころになると、その原料がどちらかというと近在にあることも幸いして、小さな工場がだんだんと地方へも広がるようになる。こうした基礎素材型の産品のほかにも、絹とか綿などの糸や布についても、それぞれの産地から出荷される製品の市場が、右の流通ネットワークが整ってくるとともに、ほぼ全国にまで広がるようになってくる。

ここ日本において、これらの二次産業は、とくに一九一四（大正三）年からの第一次世界大戦をきっかけにして、目まぐるしく成長してくる。いわゆる「大戦景気」のなかで、生糸や綿糸や綿布などの繊維市場がアジアを主として海外にまで広がるし、それとともに、鉄鋼や造船や機械や発電などをはじめとする重工業も立ち上がってくる。そして、これらの工場に雇われて働くのは、過剰人口として村落からはみ出していった農家の次三男たちや、女工として流出していった子女たちである。

大正になってから加速するこうした工業化のなかで、運輸インフラのほか、新聞やラジオや電信などといった情報インフラも整ってくる。さらに、一九二三（大正一二）年の関東大震災とそこからの「帝都復興」をきっかけにして、とくに東京をはじめとして、さまざまな都市インフラが整っていく。

また、明治の末あたりから、東武や西武、阪急や阪神といった私鉄がいくつもの路線を走らせるとともに、あわせて、それぞれの沿線では宅地が拓かれていく。こうして、迫りくる戦争の足音によってすぐにかき消されてしまうものの、いわゆる「昭和モダン」の花が咲き、そのころの学歴エリートたちであったホワイトカラーが営むモダンな暮らしが人目を引くようになってくる。百貨店やカフェや和洋外食などといったサービス産業が伸びてくるのも、このころからのことである。

こうして、大正から昭和の初めのころになると、ここ日本における社会的分業は、生産力が上がってくるのにあわせて、それまでのどちらかというと地域間分業であったような性格が小さくなってくる。その代わりに、さまざまな産業と職業とに細かく分かれた専門的な性格が目立つようになってくる。しかし、そのことがはっきりと分かるのは、とりわけ東京、そして、大阪や名古屋をはじめとする大都市においてである。かたや、昭和の大凶作に打ちひしがれていた東北をはじめとして、ほとんどの村落、そして地方の中小都市にあっては、それまでの「生産と共同」の体系のあり方が、そんなに大きく変わったわけではない。

とはいえ、こうした動きのなかで、これまで、それぞれの中広域の地域圏のなかに、かなりのところまで内部化されてきた生産の体系と、そこに編みこまれてきた共同の体系をはじめとする諸体系は、あたかも方言から標準語へと向かうのと同じように平均化しながら、また、あちこちの村おきてや町おきてが近代法へと均されていくのと同じように、質と量ともに、だんだんと広域化していくことになる。それは、生産と消費をめぐって長きにわたって培われてきたそれぞれの地域色を弱めながら、それを全国レベルでより均一なものにしていく動きであるのは言うまでもない。それがまた、まわりまわって、市場のネットワークの全国化、そして産業と職業をとりまくいっそうの社会的分業を促していく。それを宇宙の成り立ちに例えれば、「地域圏ビッグバン」とでもイメージすることができるかもしれない。

こうしてみてくると、明治から戦前まで、とくに大正から昭和にかけてスピードアップした社会的な分業の歩みは、それぞれの地にかなりのところまで内部化されてきた生産の体系とそこに編みこまれてきた共同の体系、また、知や情報の体系、管理や運営の体系、また、表出や表象の体系とそれらにまつわるきっかけが、まずは、狭域もしくは中広域の地域のあいだで、互いの不足や必要を充たしながら、休むことなく互いの外部化を繰りかえしてきたプロセスとして捉えかえすことができる。そして、それは、官営工場の設立やその払い下げ、そしてさまざまなインフラ整備をはじめとした経済政策のほか、帝国大学をはじめとする高等教育機関での技術者や官僚の育成、あるいは官治的な地方自治制度の形成などにもみられるように、とりもなおさず、国家が中央集権的な性格を大きくしていくプロセスでもある。

こうした地域圏のあいだの相互外部化の動きとともに、基礎素材をはじめとする生産材の市場や各種インフラにかかわる市場、そしてさまざまにレベルアップしてくる生活材の市場が、まさに全国レベルにおいて広がるようになってくる。組織の管理や運営の体系、また、知や情報の体系、そして表出や表象の体系についても同じである。そして、それらの資金が、地主が投資する証券や貯金をとおして中央に吸収されていった莫大な小作料であったことは言うまでもない。

こうして、それぞれの地域間の相互外部化のプロセスと、生産材や生活材をはじめとする「生産と共同」の体系の全国化のプロセスが、まさしく二人三脚のもとにすすんでいく。それとともに、さまざまな産業と職業とに細分化された専門的な社会的分業が、全国レベルでせり出してくる。それは、たんに生産や経済のレベルにおける分業にとどまらず、政治や行政のほか、教育や文化や医療などといった、人々の暮らしのさまざまな分野にまで及ぶものであるのは言うまでもない。そのいわゆる結節点となったのが、東京や名古屋や大阪をはじめとする大都市である。そして、こうした動きが、それぞれの地域圏に根ざしてきた固有性とその条件を、ほとんど全国レベルで均一化させていくきっかけになっていく。

ここでは、それまでの「生産と共同」の体系が、その、やや大きめな単位としての地域圏から互いに外部化されていったところに生じてくる社会的な分業の体系を土台にしたあらたな「生産と共同」の体系の総体のことを、「地域圏外部化社会」と名づけておくことにする。

二　戦前における社会的分業と「先んずる個人」

さて、ここ日本において、こうした社会的な分業の広がりをリードしたのは、そしてまた、その流れがもたらす大きな果実を手にしえたのは、明治から大正にかけてのころは、たとえばヨーロッパでのような、旧体制（アンシャンレジーム）からの「鎖」を引きちぎって自由な経済活動をリードした新興ブルジョアジーとその卵たちであったというわけではない。

それは、まずは、軍需や官営工場などをみればわかるように、官主導で殖産興業と富国強兵をひた走った政府とその高官たちである。加えて、そうした政府リーダーたちの息のかかった政商や大小の財閥たちであった。さらには、そのころにあっては、全体からするとごくわずかな企業経営者やそのホワイトカラーたちであり、これまたごくわずかともいえる広域自治体の官僚たちである。それに、法曹や医療や教育などの専門職、そして、文学や美術や音楽などの芸術家やその卵たちを付け加えることができよう。そうした人たちのほとんどは、明治の初めのころの藩閥リーダーを別にすれば、あの福沢諭吉のいう「学問（実学）」によってのし上がってきた、いわば、生え抜きのエリートたちだといってよいだろう。

こうしてみると、ここ日本においては、いわゆる「上からの近代化」が言われるのも、もっともなことかもしれない。これらの人たちのなかには、かつて武家だった人たちも含まれてはいるが、「寄生」をはじめとする地主層の一部であったり、その子弟や子女であったりすることも多い。

こうした人たちは、たとえここ日本における社会的な分業体系がまだまだ底の浅いものであったとしても、「生産と共同」の体系がかなりのところまで内部化されていた町内や村落という地域集団はもちろんのこと、それらをある一定の広がりにおいて括りあげるような狭域もしくは中広域の地域圏（郷土圏）をもはるかに超えて、国全体へと広がりつつあったあたらしい産業や政治や行政や教育や医療や文化などの動きのなかで生きていた人たちでもある。そして、彼らはまた、町内から、そしてとりわけ村落から離れていって、しかも中広域の地域圏間相互外部化の結節点としての大都市に移り住むなかで、全国に染みわたっていく社会的分業の歩みをリードするとともに、それを、まさしく体感する立場にあった人たちだといってよいかもしれない。

しかし、彼らは、みずからが前近代からの「旧体制（アンシャンレジーム）」に抗いつつ、そこから、それまでとは「別の」あらたな分業の体系のなにがしかの種をまくとともに、それを、その草の根のレベルから育て上げた人たちであったとはかぎらない。

彼らは、明治になってからの国策としての近代化の大きなうねりのなかで、その流れを目ざとく見抜くとともに、なにがしかの希望や野心を抱きつつ、それなりのリスクを取りながらも、なんらかのきっかけやチャンスをモノにして、みずからがその流れをリードする役回りをゲットする能力や嗅覚や実力に長けていた人たちだといってよい。官営工場の払い下げなどをみるまでもなく、そうした人たちは、いわば、ここ日本における「上からの近代化」の流れを「読む」とともに、その流れを先取りしたり、時によっては抜け駆けしたりしつつ、その流れが利するところに上手に乗ることに長けた、いわば、「先んずる個人」といってよいかもしれない。そしてそれは、ここ日本においては、なにも過去の人たちだけにかぎったことではない。

ところで、これまで記したように、大正期に入ってから、社会的な分業が広がるとともに中広域の地域間における「生産と共同」の体系の相互外部化がすすんでくる。しかし、そのようにしてだんだんと「地域圏外部化社会」ができあがってきても、村落に暮らす大半の人たちにとっては、みずからの「生産と共同」の体系は、これまでどおり、とくに村落という地域集団において体現されていたことに変わりはない。

つまり、人々の日々の暮らしのレベルでいうならば、「生産と共同」の体系、そして、そこに編みこまれている知や情報の体系、管理や運営の体系、また、表出や表象の体系とそれらにまつわるさまざまなきっかけは、その大半が、とくに村落といった島宇宙のなかに、かなりのところまで半ば自立的に内部化されたままである。そのことは、戦時体制になってくる一九三七（昭和一二）年ころになっても、そんなに大きく変わることはなかったとみてよいだろう。そうした、地域集団に内部化されてきた「生産と共同」の体系が、資本と国家がリードする商品と公的サービスによる全国的な分業のネットワークに向かってまたたくまに外部化されていくのは、三章で記すように、とりわけ戦後になってからのことになる。

ひるがえって、これまでみてきた村落ではなく、とくに都市部において製造業に就いていた人たちをみてみると、一九三〇（昭和五）年での二次産業就業者の比率は、二〇・三パーセントである。さらに、そのなかでも、金属や機械や化学といった重工業に就いていたのは二二・四パーセントであって、せいぜい、全体の五パーセントにもならない。そして、女性がそのほとんどを占めていたような繊維産業従事者が四〇・九パーセント、そして、食料産業従事者が一二・九パーセントである。ちなみに、一九一九（大正八）年において機械工業に働く職工数は、ほぼ二五万人である。同じく、その全五九〇〇あまりの工場うち、職工数が二九人以下のものが八三パーセントである（『工業統計表』）。

そうしたなかで、繊維産業に就いている女工たちのほとんどは、長時間労働と肺病とに悩まされながら、工場とその寄宿舎に張りつけられたままである。また、重工業に就いている職工のほとんどは、「親方――子方」という仕組みを主とする内部請負のもとで二重に搾取されていたのであり、企業との直接の雇用契約のもとで働いていたものは、ごくわずかでしかない。そして、炭鉱労働者たちは、「生産と共同」の単位集団としての「炭住」に住みながら、家族ぐるみで、日々のキツイ暮らしに耐えていたのである。『日本の下層社会』（一八九九年）や『職工事情』（一九〇三年）や『女工哀史』（一九二五年）などを手にとってみれば、戦前におけるこれらの労働者たちの暮らしぶりとその苦境を、まざまざと知ることができる。

さらに、そうした初期のブルーカラーや「細民」や「賤民」たちのほかに、都市における自営業を主とする旧中間層たちにしても、戦前においては、まだ各々の経営体だけでその暮らしを営むことはできなかったといってよい。村落ほどではなかったにしても、下町の小さな町工場や商店は、なにがしかの直の、そして目に見える人と人との協同や協力のほかにも、さまざまな分野における共有や共助といった相互扶助を欠いては、それぞれの経営がとても成り立ちえなかった。そしてそれは、仕事のほかの生活全般についても同じである。そうしたなかで、東京においてのみならず、先に記した関東大震災をきっかけにして組織だてられてくる町内（会）が、人々の日々の暮らしにおける共同の単位として大きな位置を占めてくるようになる。

こうして、すでに記した村落はもちろんのこと、都市での暮らしにおいても、生産力がかなり低かったということだけではなくて、公的な施設やサービスがまだまだ不十分であったことも手伝って、人々の労働と生活にかかわる相互扶助が大きな役割を果たしていたのである。よって、戦前までの都市においても、とくに広い意味での消費生活全般における共同の体系が、町内（会）をはじめとして、あるなにがしかの狭い区域のなかにかなりのところまで内部化されていた面が大きかったといえよう。

よって、人々の多くは、こうした「生産と共同」の体系がかなりのところまで内部化された単位としての町内、そして、とりわけ村落のなかに固く張りつけられたままである。すでに記したように、ここ日本では、明治から戦前までにあって、市場、もしくは社会的分業のネットワークが、だんだんと狭域もしくは中広域の地域（郷土圏）をまきこんですすんでいったということができる。しかしそれは、町内、とくに村落といった、人々の日々の「生産と共同」の体系の身近な単位としての地域集団を十分にまきこむまでにはなっていなかったのである。

それは、先に記した「地域圏外部化社会」というのは、資本と社会とのかかわりからするならば、あるなにがしかの集団における「生産と共同」の体系の互いの外部化の動きをリードする資本ないし国家の力が、まだ、ある広がりのもとにある地域圏レベルよりも奥深いところにまでには及んではいない段階にあったということでもある。ここ日本において、そうなっていくのは、先にも記したように、戦後になってからのことである。

こうしてみてくると、明治から戦前までにあっての「地域圏外部化社会」について言うならば、それは、ある限られたレベルでの社会の生成だったと言えるのではないだろうか。つまり、「生産と共同」の体系が、そしてそれに溶けこんでいるさまざまな体系とその要件が、まずもって狭域、もしくは中広域の地域という、どちらかというと大きな範囲ごとに相互外部化していくその総体として社会が生成してくる。しかし、それは、そうした相互外部化の渦中にあった人たちにとってのみ、もしくは、それを体感することができた、ある限られた人たちにとってのみ、社会の生成であったといえよう。

ひるがえって、「生産と共同」の体系の単位集団としての町内、とくに村落での暮らしをもっぱらとする大半の人たちにとっては、すでに記したように、日々繰りかえされる「生産と共同」の体系とその保守という現実こそが、すべてである。

よって、彼らにとっては、地域圏間の「生産と共同」の体系の相互外部化とコインの裏表のようにしてすすんでいくところの、いくつかの大都市を結節点として広がりゆく社会的分業という現実は、それまでにあまり見知ったことがないような「社会というもの」の生成として経験されたり知覚されたりするようなことは、そんなにあることではなかったのではあるまいか。また、一人一人の、みずからの存立とそのあり方についても、それを「個人というもの」の生成として経験したり知覚したりしたかというと、やはり、「社会というもの」と同じようなことが当てはまるかもしれない。

こうして、村落や町内から都市へと離れていった人たち、そのなかでも、ある限られた層の人たちを別にすれば、そのころの日本における大半の人たちにとっては、「個人と社会」というテーマも、どことなくぼんやりしていて、遠い小説の世界のように思われていたのではないだろうか。こうしたことからも、ここ日本における明治から戦前までの「地域圏外部化社会」は、どちらかというと初期の資本主義段階にあっての、いわば「生まれたての社会」というかたちをとっていたということができよう。

さらに、とりわけ村落に内部化されてきた「生産と共同」の体系のもとでは、その内部化体系じたいを保つことができなければ、村落とその成員の暮らしそのものが成り立たなくなってしまう。よって、その体系をどうにか保全することが、なによりもの大きな自己目的にならざるをえない。そのためには、えてして、ムラのためならば、どのような外的条件をもすべて受容したり許容したりしてしまうことにもなりがちである。このことが、社会と個人がまだ「生まれたて」であったということのほかにも、戦前の日本において、人々の暮らしのなかに、あの天皇制もしくは国体を忍びこませた一因になったのかもしれない。

とはいっても、ムラをとりまく状況がどうにもならず、その内部化体系の保全がまったくできないと知ったときには、民衆がやむをえず蜂起せざるをえなかった歴史ももっている（色川大吉『明治の文化』一九七〇年）。しかし、それは、ここ日本においては、ごくごく稀なケースにとどまっていたともいえよう。

なお、**図1**は、これまで記してきた「地域圏ビッグバン」のもとでの「地域圏外部化社会」とその「生まれたての社会」としての性格、そして、そのなかでの村落や町内といった地域共同体の位置についてのイメージを描いたものである。

三　戦後民主化の時代における社会と個人

村落からの「生産と共同」の体系の外部化の始まり

一九四五（昭和二〇）年に、敗戦となる。五〇年代に入るころになると、あちこちの農村では、耕運機や防除機などが使われるようになってくる。また、いろいろな化学肥料や農薬なども出回るようになり、農業が、これまでになく近代化されてくる。六二年からは農業構造改善事業が始まって、だんだんと水田や用水が規格化されてきたことから、耕運機をはじめとする農業機械が、たちまちのうちに広がっていく。

つまり、戦後もしばらくすると、ほとんど人力や畜力だけをもっぱらとしてきたそれまでの生産のあり方が、農機

図1　地域圏ビッグバンと地域圏外部化社会／「外部化」の第Ⅰ段階

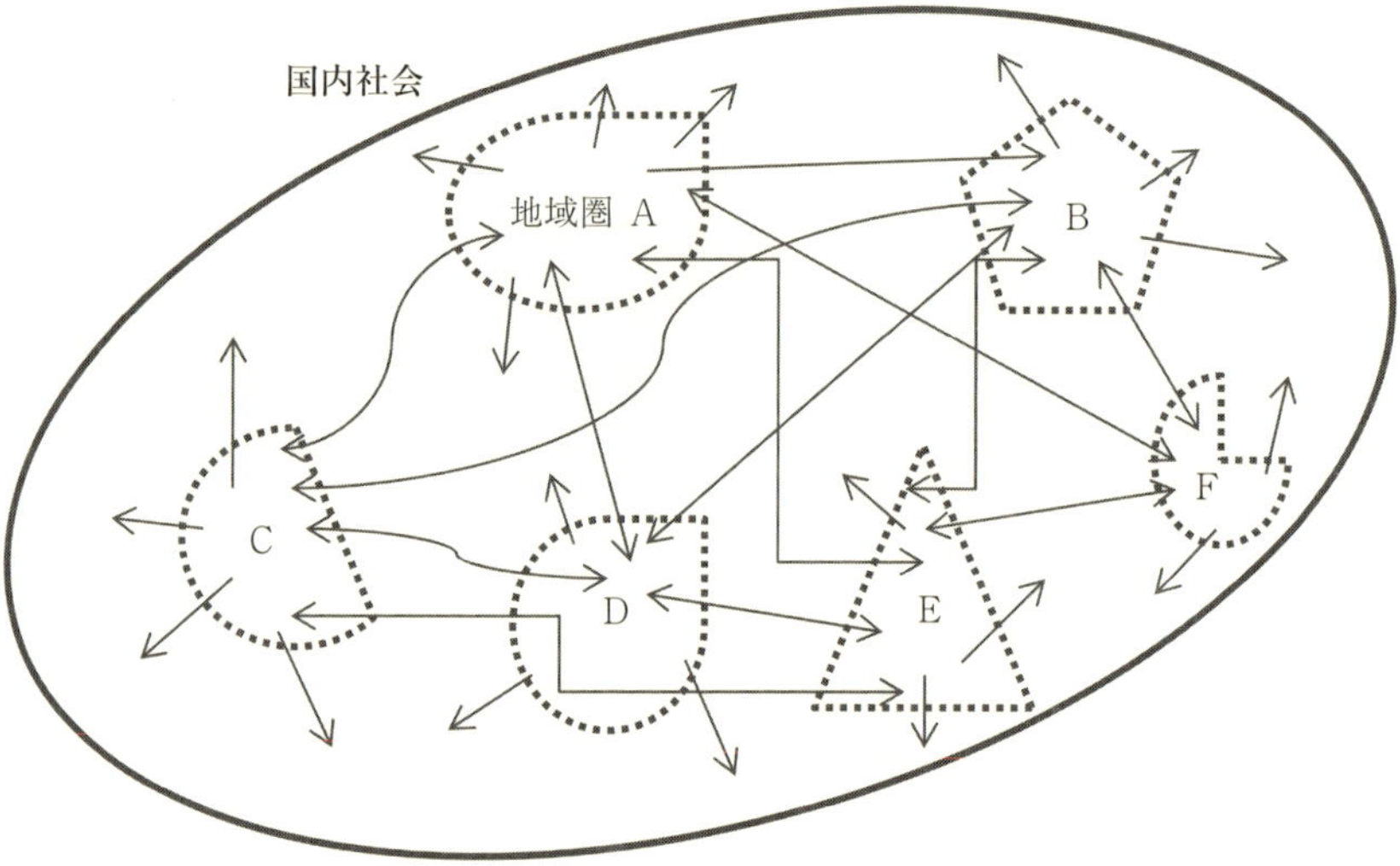

○ 各地域圏の「生産と共同」の体系の外部化と地域共同体・共同集団

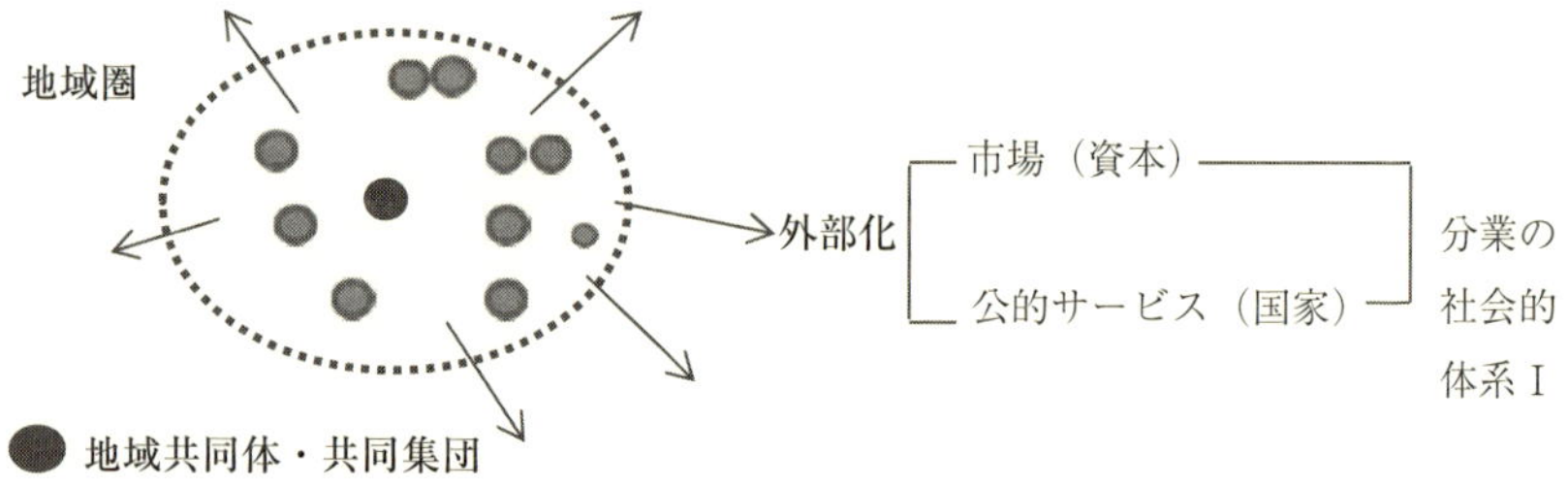

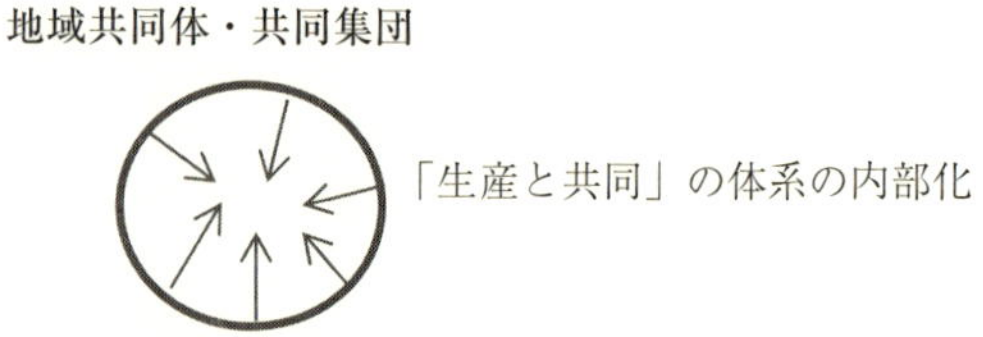

や化学肥料や農薬といった文明の利器によるものへと大きく切り替わっていくのである。それは、農民が、それまで村落のなかにかなりのところまで内部化させてきた「生産と共同」の体系を、たとえその一部であったとしても、市場によって商品として提供される「生産と共同」の体系へと外部化し、分業化させていく動きであると捉えかえすことができる。そのことは、そのぶんだけ、村落のなかに内部化されてきた「生産と共同」の体系の大切さが小さくなっていく、ということでもある。

こうして、前近代から長きにわたって村落という集団のなかに内部化されてきた「生産と共同」の体系のなにがしかが、戦後になってしばらくすると、またたくまに村落から外部化されていく。それとともに、戦中までは、村落のなかでほとんど自給自足的な暮らしを保ってきた多くの農民たちが、ここにきて、こんどは一人一人が、村落をはるかに越えた市場との結びつきを広げていくことになるのである。

このときの「外部化」された体系というのは、ひとまず分かりやすく例えてみると、たとえば、農機や肥料や薬品などの、全国に広がる農系や化学系のメーカーである。クボタやヤンマーやイセキといったメーカーが市場の開拓とともにのし上がってくるのも、とくに耕運機の生産と販売に力を入れた戦後になってからのことである。しかし、その裾野には、機械の開発はもちろんのこと、その原材料の部門、そして製品へと組み立てられていくさまざまな部品部門のほかにも、運送や販売やサービスといった部門の仕事、そして、工場や事業所の展開、さらには、そうした全体をまとめていく管理や運営の部門の仕事といった、とてつもなく限りない社会的分業のネットワークが横たわっている。長いこと村落のなかに内部化されてきた「生産と共同」の体系が、こうして、一人一人の農民の目には見えにくく、しかも、限りない広がりに分かれていく社会的な分業のネットワークへと外部化されていくようになるのである。

しかし、この例は、ほんの氷山の一角にすぎない。さまざまな生産材のほかに、食品や日用品といった生活材についても、ほとんど同じようなことが言えるからである。たとえば、卵のほか、牛やヤギの乳などは、それぞれの農家もしくは村落のなかでほぼ自給されていたものが、言いかえると、「生産と共同」の体系の一部として村落のなかに内部化されていたものが、あっというまに村落から離れて外部化されて、商品として市場から買い求められるようになる。その「外部化」の体系の先には、生産と流通と販売やサービスなどを司っている畜産資本や乳業資本などを柱にした、たくさんの分野や職業にまたがる社会的な分業のネットワークが広がっている。

かたや、農民たちは、それまで村落のなかに内部化されてきた「生産と共同」の体系のなかのなにがしかを、村落から、そして各々の生活のなかからも、みずからが選びつつ、もしくは、そうしなくてはならないように迫られて、だんだんと切り離していくことになる。その動きは、たとえば、コメ農家として、もしくは畜産農家として、もしくは果樹や野菜や花卉の農家として、それまでの「生産と共同」の体系の単位集団としての村落から独立して、専門農家のひとつとして自立していく動きでもある。さらにそれは、その生産物の販売を介して、それぞれの農家が、みずからの判断で、もしくは判断を迫られながら、その市場との接点を大きく広げていく動きでもある。兼業農家としての道を歩むことについても、これと、ほとんど同じことである。

これらのことは、それぞれの農家が、もしくは一人一人の農民が、それまで村落に内部化されてきた「生産と共同」の体系から分離もしくは自立しつつ、みずからが、全国にまで広がる社会的分業のネットワークのなかのひとつを担う因子として考えて行動していくようになる、もしくは、そう迫られていくプロセスでもある。

このようにして、「生産と共同」の体系がそれまで半ば自立的に内部化されてきた単位としての村落という集団が、大きく変わっていくことになる。これらの動きについては、一九四七年に施行された農業協同組合法と、それにもとづいて四八年から広がっていく農業協同組合を抜きにしては語れない。なぜならば、この農協こそが、生産と消費の双方において、農民が市場のネットワークとのさまざまな接点を広げていくにあたっての大きな橋渡しとしての役割を果たしたからである。

しかし、一九六〇年ころまでの村落をみてみると、このような「市場化＝分業化＝外部化」という動きが完成しきっていたわけではない。つまり、農地改革とともに大量に生み出された戦後自作農たちは、一九五五（昭和三〇）年で、その所有耕地面積が五〇アールにもならないものがほぼ四割であり、一ヘクタールにならないものでは七割にもなる。一次産業就業者の比率が全体の四〇パーセントであり、そのなかの農家人口が三六三五万人であり、全人口の四一パーセントを占めていたころのことである。

そのころは、すでに記したように、戦前までと比べると農業の生産性はかなり上がっていた。しかし、労働集約性がかなり高い稲作にあって、ほとんどの農家は、田植えや稲刈りだけをとってみても分かるように、とても独力だけでは営農できないうえに、まだまだ貧しくて、それぞれの家族が十分に暮らしていくのもままならない「過小農」であった。地主制が消えてなくなったからといって、それでもって、すぐさま農民たちの暮らしが楽になるはずもない。ほとんどの戦後自作農たちは、とても自力だけでは生活していくことができなかったのである。

よって、生産にしても生活にしても、そのすべてについて、人々が暮らしていくためには、まだまだ村落内での共同の体系を欠かせないという生産力段階にあったといえる。「機械化貧乏」と隣りあわせであったとしても、田植えや稲刈りという分野に農機が入ってくるのは、まだ先の七〇年代のことだし、トラクターが耕運機に代わっていくのも、同じころである。つまり、五〇年代について言えば、生産力という点からみても、農家は、それぞれの経営を個別化しうるレベルにまではとても達してはいなかったということになる。

それは、「生産と共同」の体系の単位集団としての村落が、まだ、なにがしかの大切な役割を果たさざるをえなかったということでもある。そこでは、有賀喜左衛門の言う「生活保障の体系」としての「生産と共同」の体系が、村落のなかにまだかなりのところまで内部化されており、ゆえに、そこでは、なにがしかの共同体規制もなくてはならないものとして残ることになる。こうして、たくさんの事例研究が示してきたように、ここ日本において、戦後しばらくまでは、村落共同体（ムラ）は、まさに残るべくして残ったのである。そこでは、昨今のような、自己主張や私生活優先をよしとするタイプの人たちにとっては、まだ、なかなか生きづらい面があったことであろう。

内部化体系と外部化体系との併存下における「また裂き」の個人

こうして、敗戦から一九五〇年代になってくると、日本人のかなりの人たちは、村落において、二つのまったく異なるタイプの「生産と共同」の体系のはざまで暮らすようになる。

そのひとつは、長いこと村落という集団に内部化されてきた「生産と共同」の体系であり、それは、いろいろな専門ごとに細かく分かれているわけではない。もうひとつは、村落から外部化されつつあった「生産と共同」の体系であり、こちらは、細かく分かれて専門化された分業の体系から成り立っている。

前者においては、「規制」や「序列」や「結束」や「同質性」や「保守」などの、どちらかというと共同体的な価値が幅を利かせていて、人と人との直の目に見える具体的なつながりが、その土台になっている。それも、いわゆる自立した一人一人の個人と個人とのつながりというよりは、まだ、「本家――分家」を軸とした「家」と「家」とのつながりを主にしているといったほうが当たっている。そして、そこには、半封建的な因子が忍びこんでいることも、けっして珍しいことではない。

それに比べると、後者は、貨幣（カネ）を介するという点においては「自由」で「対等」であり、「自立」や「個性」や「成長」などの、いわゆる近代的な価値を旨とすることが多い。そして、どちらかと言えば、人と人との、カネを介した間接的で目に見えにくい、その場とその都度での関係を主にしている。

こうして、前者は、どちらかというと小さな単位のなかで、しかも内に閉じていく集団世界になりがちである。それにたいして、後者は、どこまでも外へと開いていくネットワーク世界といってよい。そして、これらの二つの体系が、前者から後者へと猛スピードで入れ替わっていくという移行期。それが、ここ日本においては、敗戦から五〇年代、そして六〇年代に入るあたりまでのころである。

こうしてみると、そのころの村落やそこで暮らす人たちにとって、右の二つの体系は、好むと好まざるとにかかわらず、互いに補いあわなくてはならない一対のものとして経験されていたといえよう。どちらか一方の体系のもとだけでは、まだ、その暮らしがとても成り立ちえなかったからである。

さて、これらの二つの体系は、後者からすると、前者は前近代的なものであり、半封建的な匂いを漂わせたものに映るし、それがために、どうしても批判もしくは指弾されやすくなる。それは、とくにヨーロッパの先学たちが切り拓いてきた「個人」観や「権利」観という地平からすれば、なおさらのことであろう。ひるがえって、前者の体系からすると、後者の体系は、みずからを脅かすものであるとともに、他方で、近代的で民主的なもの、もしくは、可能性に満ちたものに映るということになるかもしれない。しかも、この二つは、互いに相反せざるをえない。つまり、前者は後者への動きを阻むことになるし、後者にとっては、前者が壁になりがちである。しかし、戦後しばらくまでのころにあっては、これらの二つは併存しているのであり、どちらにとってみても、互いに、他方はその補完体として欠かせないものでもある。

こうして、このころの村落に暮らす人たちは、そこでの「生産と共同」の体系の内部化と外部化という二つの原理のはざまに生きざるをえなかったのであり、しかも、日々、その移り変わりの速さに向き合わなくてはならなかったのである。

つまり、一方の原理は、人々に村落という集団の「成員」としての言動や規範を迫ってくることになり、他方は、村落から独立した一人の「個人」としての言動や規範を迫ってこざるをえない。日々におけるその具体的な現れは、

「生産と共同」の体系のなかに編みこまれてきた組織の管理や運営の体系のほか、知や情報の体系、そして表出や表象の体系にかかわる細かなところにまで及んだことであろう。

こうしたなかにあって、人々は、それまでの価値観そのものが大きく揺らいでいくなかで生産し、暮らしていかざるをえない。また、暮らしのいろいろな局面において、こんどは一人一人が、みずから考えて判断するとともに、いずれかを選んで行動し、その結果を受け止めなければならなくなる。しかも、そうした局面がたくさんあって、また、日々その繰りかえしでもある。そして、その子どもたちは子どもたちで、村落の日々の暮らしをとおして、そうした動きがどうしても目にとまる局面を、それなりに見たり感じたりしながら育っていったのである。

このように、互いが相反しながらも補いあわなくてはならない二つの体系のもとで、いわば「また裂き」の日々を生きていた人たち。言いかえれば、一方では市場のネットワークとの接点を広げつつも、他方では、村落（ムラ）のなかで、一人一人が半封建的な因子を含まざるをえない暮らしをも強いられていたがゆえに、まだ「個人度」が十分ではなくて、いつも「個人化」をたどらなくてはならない個人を生きていた人たち。それが、戦後の「近代化」と「民主化」の時代における、ここ日本の農民たちだったのである。

そこには、農地改革という杖の一振りが果たした役割が大きかったのは言うまでもない。さらには、敗戦とともにやってきた、憲法や民法の改革、そして、女性の参政権をはじめとするさまざまな権利の保障、また、財閥解体や労働改革や教育改革などの動きと響きあった面もあったことだろう。しかし、そうした「また裂き」の個人たちは、GHQ主導の「近代化」とか「民主化」の動きからもたらされたのとはややちがった次元での、つまるところ、生産力の向上がもたらすところの、それまでの「生産と共同」の体系が内部化された単位としての村落から、その体系が市場のネットワークへと外部化されていく移行期における、まさに史的な産物であったといえるのではあるまいか。

ところで、今までみてきたことは、都市で暮らす人たちにとっても、大なり小なり当てはまる。

そもそも、敗戦から一九五〇年代あたりまでのここ日本における都市人口の多くは、主に農家の次三男や子女として地方から移り住んできた人たちであり、いわば、村落（ムラ）を引きずっている人たちである。しかも、彼らが都市に住むようになったのは、明治から大正、そしてせいぜい昭和の初めのころのことである。よって、彼らにとっては、都市での暮らしそのものが、そんなに長いわけではない。

しかも、戦前はもちろんのこと、戦後しばらくまでは、都市部においても、町内（会）という共同の仕組みがなければ、とても自力だけでは暮らしていけなかった。人々にとって、町内は、消防や防犯や衛生、また、子育てや福祉や娯楽にまで広がる「共用と補完の体系」、もしくは、奥井復太郎や近江哲男が言うような「生活の確保と便益」の体系をなしていたのであり、それを示すような事例も多い。村落ほどではなかったにせよ、都市での暮らしにあっても、町内に内部化された共同の体系が、やはり、かなりのところまで残っていて、しかも、それなりの大切な役目を果たしていたのである。

このようにして、ここ日本においては、先進ヨーロッパの国々とちがって、人々が、その「生産と共同」の体系が内部化されていた集団から切り離されて、そこから外部化された「生産と共同」の体系のもとで個人として生きるようになった時期は、かなり遅い。

たとえばイギリスでは、すでに一八世紀には、第二次エンクロージャーや産業革命などをきっかけにして、村落のなかに内部化されていた「生産と共同」の体系のもとで生きていた農民たちが、大量の個人として都市へと吸いこまれ、そこにある工場で働けないものは浮浪者として強制的に入牢され、そして、また再び、劣悪な条件のもとで、そのみずからの労働力だけを売らざるをえない状況に戻されていったのである。

ここ日本においては、たとえばこのイギリスにおける個人の歴史の大がかりなスタートから比べてみても、ほぼ二〇〇年あまりの時差がある。しかし、すでに記したように、それからあとの「個人化」のスピードには、かなり速いものがあったといわざるをえない。

今からふりかえれば、戦後から一九五〇年代にかけての日本の町内、とくに村落における人々の暮らしと、彼らの内面や心理、そして日々の人間関係に思いをめぐらせるのはそんなに易しいことではない。しかも、「生産と共同」の体系の入れ替わりのスピードに、それまでのいわゆるムラ意識が追いついていきにくかったという事情もあったことだろう。しかし、近代化論者といわれるような人たちがかつてそうしたように、ここ日本における戦後自作農たちの暮らしぶりを、古くからの前近代的なもの、もしくは封建遺制的なものとして、むやみに指弾してしまってよいのかどうか。これについては、あらためて、よく考えなおしてみなくてはなるまい。

ともあれ、「生産と共同」の体系が外部化されていくときのその単位は、すでにみたような狭域ないし中広域の地域圏（郷土圏）から、ここにきて、村落という小さな地域集団にまで狭められるようになってくる。しかし、その「外部化」の動きがより広く、また深くなっていくのは、一九六〇年代の半ばからのことになる。それについては、つぎの三章でみていくことにする。

三章　戦後日本における「生産と共同」の体系の外部化と共同集団の変容

一　村落からの「生産と共同」の体系の外部化

生産の場における共同の体系の外部化

ここ日本では、一九六〇年代になると、それまでの町内、とりわけ村落といったかつての地域共同体のなかに内部化されてきた「生産と共同」の体系が、それぞれの共同体からますます外部化されていく。そして、その体系は、とくに商品と公的サービス、言いかえると、市場部門と公的（政府・自治体）部門による巨大な分業の体系によって、とってかわられていく。その速さにはものすごいものがあり、七〇年代になると、まだ戦後しばらくまでは大なり小なり「生産と共同」の体系を内部化させていた村落や町内という集団も、人々にとってもつその大切さを、ほとんど失うようになってくる。

ここでは、とくに村落に内部化されてきた「生産と共同」の体系が、村落の外へと外部化されていく動きとその意味についてみていくことにする。

日本の村落研究は、その質と量とともに、レベルの高さにはかなりのものがある。それは、とくに、有賀喜左衛門や鈴木栄太郎や中村吉次をはじめとする先学たちの力によるところが大きい。ここでは、彼らが対象とした村落（ムラ）――「同族団」や「自然村」や「村落共同体」――について、くわしいことは記さない。しかし、そうした村落は、人々が作りあげてきた「生産と共同」の体系が内部化された単位集団として、戦前はもちろんのこと、戦後になってからも、だいたい一九五〇年代までは、それなりの大きな役割を果たしていた。このことについては、彼らをはじめとして、たくさんの学者たちにほぼ共通した見方であるといってもよいだろう。

ところが、朝鮮戦争をきっかけにして、日本は、一九五五（昭和三〇）年あたりから、高度成長をひた走ることになる。それとともに、農工間の成長格差の広がりもあいまって、これまで村落のなかに内部化されてきた「生産と共同」の体系が、ものすごいスピードで村落から外部化されていく。

まず生産についてみてみると、とくに農業機械をはじめとして、営農そのものがますます省力化されていく。七〇年代になって農業構造改善事業もかなりすすんでくると、それとともに農機の性能もよくなって、トラクターのほか、田植え機やコンバインなどが広まってくる。そして、それらは、営農にとって、なくてはならないものになってくる。そのほかにも、水田や用水が規格化されてくるし、ハウス農法をきっかけとした野菜や花卉などの栽培技術、また、肥料や薬剤をはじめとするさまざまな営農材が、これまでにないくらいに向上してくる。畜産についても、そして漁業についても、これとほとんど似たようなことが言えよう。

ところで、農業にかかわるこれらの生産の要件そのものは、もともとは、そのレベルや効率はかなり低かったものの、人力や畜力というかたちで、また、入会や水利の活用というかたちで、あるいは農法にかかわる経験知や工夫やカンの伝授などとして、「生産と共同」の体系の単位集団としての村落（ムラ）のなかに、長いこと内部化されてきたものである。それが、とくに一九六〇年代になると、農系をはじめとするさまざまな企業のほか、農関連の行政や研究所などがカバーする専門領域へと外部化されていき、分業化されていくのである。そして、その裾野には、すでに記したように、やはり数えきれないほどに細分化され専門化された社会的な分業の広大なネットワークが張りめぐらされている。そして、ここ日本では、その外部化＝分業化のスタートはかなり遅かったものの、その速さには、ものすごいものがある。それは、これまで村落に内部化されてきた生産の体系のみならず、その体系そのものを成り立たせている人と人との共同の体系をも外部化し、細かく分業化させていくことになる。

ここで注目しなくてならないのは、六〇年代になると、その外部化の先として、市場のネットワークとそれをけん引する資本のほかに、政府や自治体などの公的部門がかなり大きなウェイトを占めるようになってくる、ということである。たとえば、水利や入会をとりあげればわかるように、そうした生産要件の活用とそのための管理や保全とその工夫や運用をめぐる体系は、たちまちのうちに、村落のなかからとくに行政の農業や土木や環境や災害の部門へと外部化されて分業化され、専門化されていく。それとともに、長いこと村落のなかに溶けこんできた、水系や山林にかかわる管理や運営、また、知や情報、そして表出や表象の体系などについても、それまで内部化されてきた村落から、それぞれの専門の行政の仕事へと外部化されていく。農業技術の改良やその継承など、たくさんのほかの例についても、ほとんど同じことが当てはまる。

こうして、農民たちにとって、その生産のために欠かせなかった村落のなかでの人と人との広い意味での共同についても、かならずしもなくてもかまわないものになっていく。生産のための人と人との共同の体系が、村落のなかから村落の外へと、限りなく広がってしまっているからである。その広がりは、これまでとはちがって、かなり細分化され専門化されたものであるとともに、その分業のネットワークは、ほとんど目には見えにくいものになっている。しかも、それは、市場のネットワークにしても公的なネットワークにしても、これまでの村落に内部化された「生産と共同」の体系に比べたら、人々の手がはるかに及ばない他律的なコントロールのもとへと追いやられてしまう。しかし、その目に見えにくい専門的もしくは断片的な分業のネットワークなしでは、営農の向上はもちろんのこと、それぞれの生産そのものが立ちいかなくもなってくる。

消費（労働力再生産）の場における共同の体系の外部化

つぎに、人々の村落での暮らしにおける、生産のほかの消費（労働力再生産）という営みについてみていくことにする。

一九五〇年代も半ばになると、衣食住をはじめとするさまざまな生活材が、家や村落における戦前までの半自給自足によるものから、カネによる商品としての消費へと大きく舵を切っていく。六〇年代になると、所によってまちまちではあるものの、食料を生産する農家の暮らしであっても、いろいろな食材が、ほとんど商品として購入されるようになっていく。それは、野菜や果物や卵や肉などといった農産品についても、ほとんど例外ではない。また、衣服や寝具などについても、そのかなりのものが、それまでは女性の仕事として半ば自給されてきたものが、すっぽりと、市販の商品にとってかわられていく。

それは、人々の暮らしに欠かせない食をはじめとする生活材の生産と消費の体系が、そのかなりのものについて、それまで内部化されてきた村落のなかから外部化されていくということを意味する。たとえば、戦後になってもいくらかは使われていたワラの草履や長靴、あるいはツタや竹のザルやカゴといった日用品が、どこかの工場で大量に生産された工業商品によって村落のなかから一掃されていく。そしてその工場は、かならずしも国内にあるとはかぎらない。そのほかについても、同じようなことが当てはまる。

このことは、それまで村落のなかに内部化されてきた生活材としてのモノを生産する体系が、それにかかわる人と人との共同の体系とともに、そしてまた、それらの生産や消費にかかわる知や情報とその継承、あるいはそれを作ってきた人たちの工芸的もしくは美的なセンスや生きがいなどにかかわる表出や表象の体系とともに、村落の外へと外部化されていく動きとして捉えかえすことができる。

こうして、たとえばワラ仕事や竹仕事や木皮仕事などといった村落に内部化されてきた「生産と共同」の体系、そして、それに含まれてきた知や情報の体系、そして、その生産をいくつもの世代にまたがって引きついできた組織の管理や運営の体系、そして、表出や表象の体系が、たとえば関連の商品を生産する企業はもちろんのこと、カルチャーセンターや手芸教室や、どこそこの工芸工房などへと外部化され分業化され、そして専門化されていくのである。もちろん、この例はほんの氷山の一角であり、すべて、一事が万事である。

さらに、飲料水や生活用水、そして下水やごみ処理はもちろんのこと、子どもの世話や教育、年寄りの世話や介護など、人々の暮らしを支えてきた共同の体系が、村落のなかから、とくに公的サービスとして公的部門へと外部化されていく。たとえば、井戸にとってかわる上水道の普及率は、全国平均で、今日ではほとんど一〇〇パーセントに近いが、一九五〇年では二六パーセントであり、五〇パーセントを超えるのは六〇年代になってからのことである。さらには、下水道についてみれば、今日では、ほぼ七八パーセントであるが、一九七〇年では、まだ一六パーセントにすぎない。この数字の移り変わりは、もちろん、右の外部化のすすみ具合を示している。

さらに、村火消や町火消が、またたくまに消防行政へと外部化されていくなど、そのほかの公的な施設やサービスについても、似たり寄ったりである。ちなみに、自営業者を含めた国民皆保険や国民皆年金の事業がスタートするのも、一九六一（昭和三六）年である。これらのことは、一九六〇年代から七〇年代にかけてが、長いこと村落のなかに内部化されてきた共同の体系が、公的サービスを担う公的部門へと外部化されて専門的に分業化されるようになってきた天王山であったということを示している。

さらには、農事になくてはならないものであるがゆえに、村落において長いことつづいてきた祭りや年中行事、そして息抜きや楽しみなどについても同じである。くわしいことは省くが、これらについても、たくさんのレジャーや外食などの産業をみれば分かるように、とくに一九六〇年代に入るあたりから、村落に長いこと内部化されてきたものが、市場をはじめとする社会的分業のネットワークへと外部化されていく。冠婚葬祭についても、これとまったく同じことであり、その外部化とともに、それらにかかわる組織や運営の体系、また、それらにまつわる知や情報の体系、そして、表出や表象の体系なども、すべてひとまとめになって、村落から市場をはじめとする社会的な分業のネットワークへと外部化されていく。

そのほか、村落のなかに内部化された「生産と共同」の体系を組織や運営の面から支えてきた部落会や婦人会をはじめ、青年会や若妻会や子ども組といった年序集団、また、さまざまな講についても、「生産と共同」の体系が村落から外部化されていくにつれて、その果たしてきた役割を小さくしていくことになる。こうして、村落という集団に内部化されてきた「生産と共同」の体系は、そこに含まれてきたさまざまな他の体系とともに、たちまちのうちに、小さくしぼんでいくことになるのである。

村落からの労働力の外部化

さらに、それまで村落のなかに内部化されてきた労働力そのものも、村落から外部化されていく。それは、就業構造の変化というかたちをとってくるが、一九五〇（昭和二五）年における一次産業就業者数が一、七四八万人だったのが、六〇年には一、四三九万人、六五年には一、一八六万人に減ってくる。一五年間で、ほぼ五六三万人が減ったことになる。一次産業就業者比率は、一九五五年の四一パーセントから、七〇年の一九パーセントまで減ってくる。ちなみに、農家人口は、一九五〇年の三、七八一万人が、六五年には三、〇〇八万人へと、一五年間で七七三万人が減ったことになる。

こうした、農業をはじめとする一次産業にまつわる人口が減っていくのはなぜかというと、ひとつには、たくさんの若者たちが離村していったからである。いわゆる農民層の分解のなかで、多くの中卒者たちが「金の卵」として他産業へと集団就職していったし、また、学校の指導によって都市の上級校へと進学していった。進学率が上がるにつれて教育内容が均一になっていくとともに、なんらかの職業にかかわる特別の技術や技能を身につけるというよりは、どこでどのような職業に就いたとしても役に立つはずだとされて、学力や努力や忍耐力のほうが重んじられるようになっていく。そのこともあって、長いこと村落もしくは地域圏（郷土圏）のなかに内部化されてきた人材育成のあり方が変わってきて、こんどは、学校が、若者を地域の外へと向かわせる、そしてまた他産業へと向かわせる入り口になっていく。

これらのことは、たくさんの人たちが、何世代にもわたって「生産と共同」の体系が内部化されてきた村落から離れて、そのかわりに、細分化されて断片化もしくは専門化された、人々の目には見えにくい広大な社会的な分業のネットワークを担う人材の一員として、全国に外部化されていく、ということでもある。

一次産業にまつわる人口が減っていくもうひとつの理由は、基幹労働力をも含めて兼業が広がるなかで、とくに第二種兼業農家が増えてくるからである。それは、村落のなかに内部化されてきた労働力そのものが、兼業というかたちをとりながら、村落から外部化されていくということである。村落にとどまった農家にしても、その家計は、多就業をともなう農外収入によって支えられるようになり、一九六三年には、全国平均で農外所得が農業所得を上回るようになる。そしてこの兼業による農外所得が、高価な農機を買うための代金へと吸い上げられていったのであり、この農機がまた、じいちゃん・ばあちゃん・かあちゃんによる「サンちゃん農家」や「日曜農家」としての兼業を支えたのである。

こうした兼業がすすむとともに「生活の商品化」もすすんで、人々の暮らしと市場のネットワークとの接点がますます広がっていく。それとともに、これまで村落のなかに内部化されてきた「生産と共同」の体系がますます小さくなっていく。のみならず、それぞれの兼業農家の都合や利害からしてみれば、かつてから村落に内部化されてきた「生産と共同」の体系を保っていくには、とくに会合や共同作業にかかわる時間と労力という二つのコストが大きすぎるようになっていく。

こうして、一九六〇年代になると、村落の中身が大きく変わってきたことが、誰の目にも明らかなようになる。村落社会研究会の学会シンポジウムが、一九六四年と六五年の二年にわたって『むら』の解体」をテーマにしたことは、それをはっきりと示している。こうして、村落（集落）はあっても、それぞれの農家が互いに補いあう村落共同体（ムラ）はなくなっていく。つまり、それまで村落のなかに内部化されてきた「生産と共同」の体系が弱くなったり、あるいは、なくてもよくなったりするようになる。

このことは、人と人との直の目に見える相互扶助にもとづいた「生活保障の体系」がいらなくなってきて、村落にあっても、生産と消費の単位が、それぞれの自立した農家（家族）へと、より小さなものに縮んでくるということでもある。とはいっても、これは、あくまでもそのように「見える」というだけのことである。しかし、じっさいには、「生産と共同」の体系が村落から外部化された先にある、一人一人の目には見えにくい市場のネットワークと公的サービスのネットワークによって、それぞれの農家の暮らしが支えられていることは言うまでもない。

このようにして、またたくまに村落から外部化されてきた「生産と共同」の体系は、人々にとっては、それまでの村落に内部化された「生産と共同」の体系に比べれば、自律的というよりは、どちらかというと他律的なコントロールのもとに置かれたものとなってくる。それについては、良し悪しにかかわらず、そうならざるをえないものだといえよう。こうして、村落は、そこに「生産と共同」の体系が内部化された単位集団というよりは、どちらかというと、なにがしかの商圏のなかの、もしくは、どこそこの行政域のなかの、ひとつの地区としてのみ立ち現われてくるようになる。

二　家族共同体からの共同の体系の外部化

雇用者比率の上昇と「生産と共同」の体系

人は一人だけでは生きていけないかぎりにおいて、家族は、いつでもどこでも、「生産と共同」の体系の基本単位であった。その家族にしても、長いこと単独で暮らしてくることはできなかった。よって、とりわけ村落、もしくは町内という「生産と共同」の体系の上位集団のなかで、それをかたちづくる単位として、互いに補いあってきたのである。

その家族が、ここ日本では、先にみたように、とくに一九五〇年代半ばからの村落の変容とともに、村落内にあってもひとつの農家として自立したり、あるいは、他産業などで働く雇用者とその家族として村落から離れたりするようになる。つまり、家族という集団が、「生産と共同」の体系、あるいは、共同の体系のより小さな単位として、それまでの、村落という「生産と共同」の体系の上位集団から自立もしくは分離してくることになる。

ここでは、戦後、とくに五〇年代になってからの、その家族という集団じたいからの共同の体系の外部化についてみていくことにする。ただし、ここでいう家族というとき、そこには農業をはじめとする自営業の人たちの家族も含むが、主には、それを、ブルーカラーやホワイトカラーなどのサラリーマン、そして教員や公務員などといった雇用者とその家族とみなしておくことにする。なぜならば、それらの比率が、五〇年代から、ものすごいスピードで上がってきて、この今では、家族のほとんどを占めるようになっているからである。

さて、雇用者の比率を国際比較でみてみると、ここ日本では、一九五〇（昭和二五）年で三五・四パーセントである。同年で、アメリカは八二・二パーセント、イギリスは八七・八パーセント、西ドイツは七〇・八パーセント、フランスは六五・四パーセント、イタリアは五九・一パーセントである（ＩＬＯ『国際労働統計年鑑』）。日本における就業者のなかの雇用者比率は、一九六〇年でもまだ半分に届かないが、七五年に七〇パーセント、二〇一〇年には九〇パーセントに届くようになる。そこからは、先進国から比べるとスタートはかなり遅れたものの、戦後の五〇年のあいだでの雇用者の増え方が、いかにものすごいものであったかがうかがわれる。

この雇用者比率の上昇は、すでに記したような村落からの労働力の外部化であるのみならず、あわせて、家族からの労働力もしくは人材育成の外部化でもある。ほとんどの雇用者は、たとえどこでどのような職に就いたとしても、いずれにしても、家族の外に用意された雇用のもとで生産ないし労働に当たるからである。つまりは、シャドーワークとしての家事をひとまず別にすれば、家族が、生産や労働がなされる単位集団ではなくなって、雇用と引きかえに手にした賃金による消費＝労働力再生産の単位になってくる。

こうして、ここ日本では、欧米からはかなり遅れたものの、とくに一九六〇から七〇年代にかけて、ほとんど時を同じくして、人々が、「生産と共同」の体系を担う村落と、そこでの家族という二つの集団から、雇用者とその家族として、二重に外部化されてくる。その外部化の先が、人々の雇用の場、つまりは、細分化されて広大に分業化された市場ネットワークをけん引する資本（企業）と、同じく公的サービスのネットワークをけん引する公的部門（国家）である。つまり、その当の雇用者とその家族じしんが、家族そのものから労働力を外部化させてくる先であるこの二つの外部化ネットワークを成り立たせる一員にもなってくる。

雇用者家族における町内からの共同の体系の外部化

さて、ここ日本において、ほとんどの雇用者とその家族が住むところは、今日、もちろん村落もあるにせよ、だいたいは都市部だといってよい。地方から移り住んできた人たちは、そこが市街であれ郊外であれ、いずれかの都市のなかのいずれかの町内にその居を定めて暮らすことになる。

こうした雇用者とその家族にしても、とりわけ戦前においては、その程度はまちまちであったとしても、独力ではなかなか生活していけなかったといってよい。よって彼らも、「生活保障の体系」としての村落ほどではないにせよ、長いこと、すでに記したような「生活の確保と便益」もしくは「共用と補完」の体系としての町内において、そのなにがしかの共同の体系を担う一員として暮らしてきたのである。

たとえば、戦前や戦中の町内（会）とその活動に目を向ければ、都市部においても、共同の体系の単位集団としての町内なくして、人々の暮らしがありえなかったのは明らかである。それは、所によってまちまちではあったものの、一九五五年あたりまでは、そうだったといえよう。

しかし、六〇年代になると、あたらしく都市に移ってくるたくさんの雇用者とその家族にとって、その暮らしを支える共同の体系があまりにも不十分なことからくる困苦が目立つようになる。歩道や街灯、子供の遊び場や公園、学校や保育所、集会所や福祉施設、ごみ処理や下水、といった施設がとても足りないという状況が生じてきたのである。これは、都市化にともなって生じるいわゆる「集積の不利益」として、さまざまな公害とともに大きな都市問題のひとつであることは、よく知られている。

しかし、この都市問題は、この「集積の不利益」をその一因とするにしても、それとあわせて、「生産と共同」の体系が長いこと内部化されてきた村落という集団から離れていずれかの都市へと移ってきた大量の雇用者とその家族が、それまでとは別の、あたらしい共同の体系をまだちゃんと手にしえていなかったところに主因があると捉えかえすことができる。たとえば、一九六〇年あたりから造成されてくる郊外のニュータウンもしくは団地がよい例であるが、地方から移ってきた雇用者とその家族は、初めのうちは、彼らの暮らしを支える共同の体系があまりにも整っていないところに放り出されたといってよいようなかたちで暮らしはじめるのである。ミニ開発やスプロール開発がなされたところにおいては、とくにそうだったかもしれない。市街地にあっても、大なり小なり、似たようなものであったといってよい。

よって、このような都市問題は、大量の雇用者とその家族がそれぞれ独立した暮らしの単位になってくるという時期において、また、村落に内部化されてきた共同の体系から、すぐあとに記すような、村落から外部化された共同の体系へと切り替わるその変わり目という時期において避けることができなかった、いわば歴史的な産物であったとみなすことができよう。

そうした生活困苦がつづくなか、人々が「止むに止まれず」に立ち上がったのが、五〇年代から六〇年代にかけて始まった住民運動である。初めのうちは反公害のテーマのもとにスタートしたものが、六〇年代半ばから七〇年代にかけては、右にみた人々の暮らしを支える共同の体系にかかわる施設やサービスを求める運動として広がることになる。そして、その矛先になったのは、住民の暮らしとじかにかかわる自治体である。こうした草の根の運動に応えるかたちで、大都市を主として革新自治体が増えてきて、七〇年代に入ると、運動はそのピークとなる。反面で、たとえば、革新系の東京都知事の政策にたいして、保守勢力が「福祉ばらまき」として批判したのも、このころのことである。

この住民運動にたいして政府が打ち出したのが、一九七一年からのコミュニティ政策である。これは、かたちを変えて八〇年代、そして九〇年代の「まちづくり」政策などとして今日にまでいたる。この政策によって、初めは、人々の共同にかかわるハードな施設整備からはじまって、そのあと八〇年代からは、その施設の管理運営や活用、そしてそれとからめた福祉や子育てや社会教育やリサイクルや環境などといった共同の体系のソフト面の拡充へとその力点が移ってくる。

いずれにしても、このコミュニティ政策によって、政府は、人々の暮らしを支える共同の体系を整えて住民のニーズにそれなりに応えるとともに、自治体行政への住民の意見の反映や参加を促してくるようになるのである。こうして、都市に移り住んだたくさんの雇用者とその家族の暮らしにとっての共同の体系が、七〇年代から、その不足や不備をだんだんと改めながら、あたらしく整ってくる。それは、これまでの村落や町内のなかに内部化された共同の体系とはちがって、政府、とりわけ自治体が、その公的な施設もしくはサービスを提供する共同の体系を主としたものになってくる。

こうして、ここ日本においても、人々の日々の暮らしを支える共同の体系の拡充にとって果たす公的部門の役割が大きくせり出してくる。人々の暮らしにとってもつ公共政策の重みがとりわけ大きくなるとともに、いわゆる「公共政策の市民化」とか「生活の公共化」と言われる暮らしのあり方が、たちまちのうちに広がってくるのである。そしてその裾野には、公的なサービスや施設にまつわる広大な分業の体系が広がっている。それは、たとえば上水道をとってみたとき、水道の蛇口やシステムキッチン、そして、そこからつづいている水道管や下水管、そしてまた浄水場や浄化場、そしてまたダムの建設や保守といったハード面はもちろんのこと、それらにかかわる数えきれないほどのソフト面での細かく分かれた分業の広がりをイメージするだけで十分であろう。もちろん、これは、同じようなことの、ほんのひとつの例えにすぎない。

ところで、このあたらしい共同の体系は、都市の町内に暮らしてきた人たちにとってみても、村落においてと同じように、町内から外部化された共同の体系といってよいものである。そしてそれは、右にみた水道の例と同じように、そのほかにも、保育や福祉や環境や防災など、人々の生活の分野ごとに細かく分かれて専門化された広大な分業の体系をなしている。

しかし、それらの計画や決定、そして方針や運用などについては、ときに、人々の要求や異議申し立てや監視はありえるものの、たいていは、行政のコントロールのもとに追いやられるようになる。また、その運営、たとえば人々による施設やサービスの利用やその変更などについても、なにがしかのルールや手続きなどをふまえなくてはならない。よって、それは、人々にとっては、それまでの村落や町内に内部化された共同の体系に比べれば、自律的というよりは、どちらかというと他律的なコントロールのもとに置かれたものとなってくる。それについては、良し悪しにかかわらず、そうならざるをえないものになってくるといえよう。

このように、六〇年代に入ってから、大量に、しかも、たちまちのうちに都市へと移り住んできた雇用者とその家族たちにとっての共同の体系は、それが長いこと内部化されてきた村落もしくは町内という集団のなかから、公的部門へと外部化されたものとなる。そのかぎりにおいて、それは、人々にとって、人と人との目に見える直の協力のもとに直接に担うことが少なくなる。というか、そうしなくてもよくなってくる。

また、それらの外部化された共同の体系について、人々は、その必要に応じて、しかもその都度その都度のライフステージに合わせながら選びとって、利用したり利用しなかったりすればよいことになる。たとえば、乳幼児がいなかったり、いても就学したりすれば、保育所サービスとは縁がないままでいられることになる。また、老親を抱えるかそうでないかによっても、福祉や介護にかかわる施設やサービスを利用するかしないかが決まることになる。そのほかの例についても、すべて、一事が万事である。

そのことは、人々をして、なにがしかの税金や社会保険料などを負担していながらも、ややもすると、そうした共同の体系の存立やそのあり方にたいして主体的にかかわらなくてもよい、という思いにもつながりかねない。それは、人々が、目に見える直の人と人との協力のもとで、みずから作りあげて保守していかなくてはならなかった村落や町内に内部化された共同の体系のあり方とは、かなりちがった利用やコミットのあり方となってくる。こうしてみると、七〇年代に入ってから、ここ日本において、自分とその家族の暮らしのことだけに力を注いで、そのほかのことにはあまり目を向けようとしない私生活主義が広がってくるのも、けっしてうなずけないことではない（田中義久『私生活主義批判』、一九七四年）。

こうして、かつての村落や町内から外部化された共同の体系は、それが市場部門もしくは公的部門であるかにかかわらず、人々の暮らしをその土台から支えるものでありながら、人々の日々の暮らしから遠く手の及ばない、そして、目に見えにくい体系として現れてくる。また、それが、ある人たちにとっては欠かせないものであっても、他の人たちにとっては、あまり縁のない体系としても現れてくる。それは、現実にもそうであるし、また、感覚からしても、そうである。つまり、とくに七〇年代からあたらしく整ってくるところの、村落や町内から外部化された共同の体系は、そしてまた、その体系を支える広大な社会的分業の体系は、一見すると、それぞれの雇用者とその家族の暮らしとのなにがしかの接点をもつかぎりにおいてのみ、人々にとって、はじめて共同の体系として現れてくることになるのである。

大衆消費社会と核家族

消費もしくは労働力再生産の歴史は、とりもなおさず、その単位の歴史でもある。戦前まで、そして戦後しばらくまでは、村落にあっても、消費の基本的な単位は、それぞれの家族もしくは世帯であった。しかし、ここ日本においては、それらとて、独力ではとても暮らしていけなかったがゆえに、「生産と共同」の体系を内部化させていた村落において、それぞれの家族が互いに助けあう「生活保障の体系」をかたちづくってきた。それについては、すでにみたとおりである。

そこでは、物心ともに、本家の果たす役割が大きかったのは、有賀の研究を引くまでもない。とくに戦前にあって、名子や小作にとっては、所によってまちまちではあったものの、「住」にかかわるだいたいの家財をはじめとして、日々の暮らしに欠かせない衣食ですら、大なり小なり、本家に依存するところが少なくなかった。たとえば、盆や暮れの本家からのなにがしかの生活材の給付のほか、軽い病のときの薬の工面、さらには、本家での農作業のときの、子どもを含めた食事の供与などが、その一例である。しかもそこでは、生産のみならず消費においても、その購入や使用をめぐる選択や決定などについては、世帯主（家長）の権限が大きい家父長的なあり方がふつうであったといってよい。家計管理についても、女性、とりわけ嫁のもっている力は小さく、たくさんの家事を強いられるわりには、その地位はかなり低いものであった。

いずれにせよ、戦後しばらくまでは、消費の単位は、それぞれの家族ないし世帯を基本としながらも、それをこえた同族や村落という上位集団が占めていた消費単位を土台としてはじめて、それぞれの家族の消費がなされていた面が大きかった。

それが、一九五〇年代半ばから、とくに六〇年代に入ってくると、雇用者世帯がものすごいスピードで増えてくる。世帯分離や核家族化がすすむとともに、あちこちで都市化や郊外化もすすむ。そして、消費の単位は、すでに記したように、雇用者とその家族によって作られるこの核家族へと縮小してくることになる。そして、所得倍増計画や東京オリンピック、あるいは大阪万博などを引くまでもなく、高度成長の時代がやってくる。

それとともに、それまでの半自給自足の消費のあり方が退いていって、生活のあり方が一変する。生活必需品へのニーズが大きくなり、商品なしでの生活は、とてもありえないものになってくる。国内のいたるところで、すでにみた「生活の公共化」とあわせて、いわゆる「生活の商品化」が、ものすごい勢いで広がっていく。

さて、**図2**は、ここ日本における電化製品の普及の変化を示したものである。

ここに示されているように、一九六〇年代になると、白黒テレビ・冷蔵庫・洗濯機の「三種の神器」が飛ぶように売れる。そして七〇年代からはカラーテレビとエアコンが普及して、車とともに「新三種の神器」と称されるようになる。消費と生産がそれぞれ拡大しあいながら、大量生産大量消費の時代がやってくる。ここ日本でも、生産性の向

図 2　電化製品の普及率（1963年までは人口５万人以上都市データ）

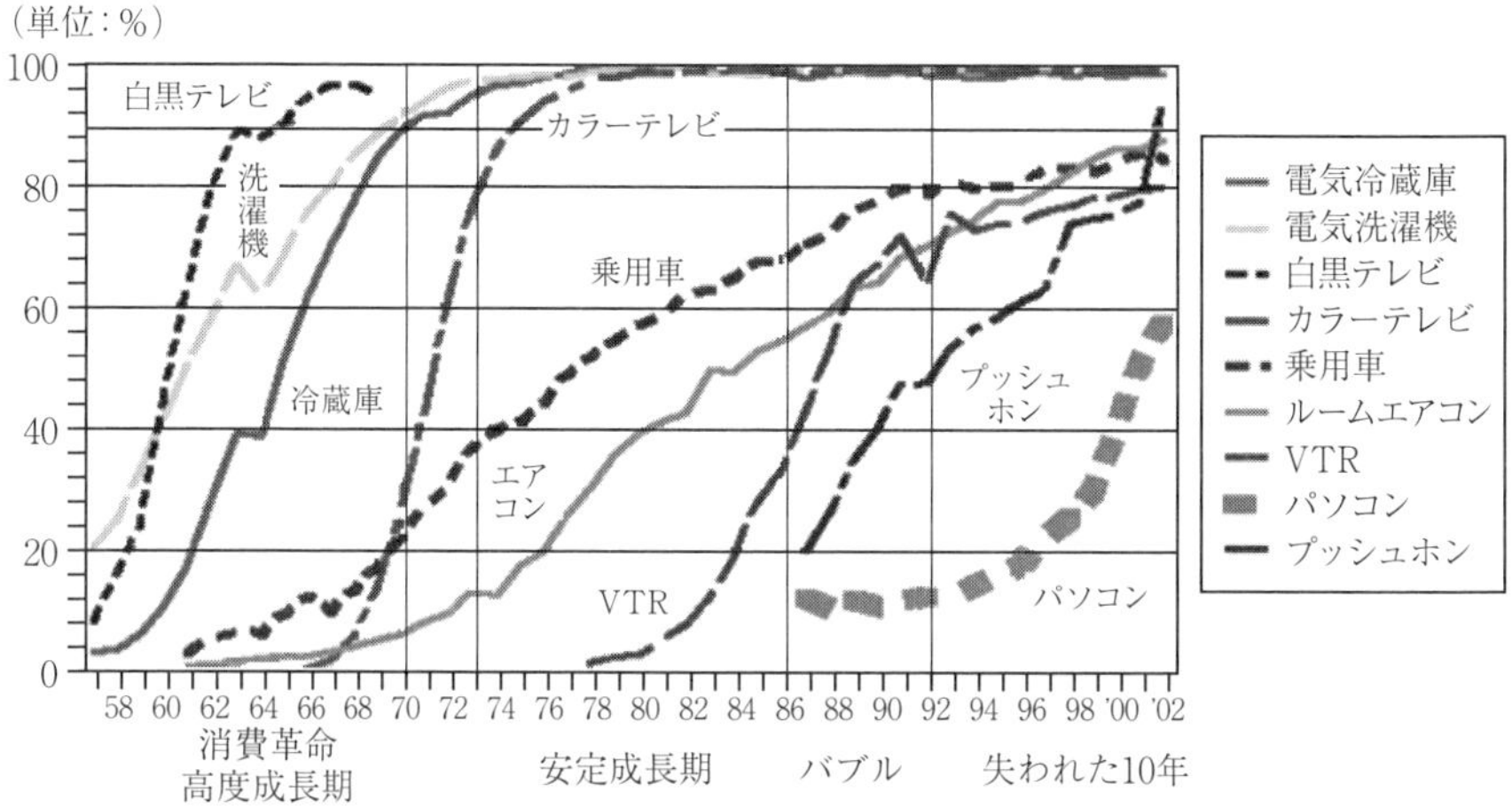

上と実質賃金の向上とがスパイラルする「フォーディズム」の時代がやってくるのである。このころは、企業は作りさえすれば売れるのであり、そうした意味では、どちらかというと、消費社会というよりはまだ生産社会だといったほうが当たっている。

　また、五〇年代末から六〇年代にかけて、ダイエーやジャスコといったスーパーマーケットが出店してくる。「わんさか娘」や「スカッとさわやかコカコーラ」といったＣＭソングがＴＶに流れはじめるのも、このころである。Ｊ・ガルブレイスの唱えた「依存効果(dependence effect)」が叫ばれ、宣伝によってあおられる欲望を前にして、人々の消費行動における「主体性」にたいする疑いの目が向けられるのも、このころからである。

　このようにして、まさに、「流通革命」、そして「消費革命」の時代がやってくる。こうした消費の単位として躍り出てくるのが核家族であり、そして、そこで大きな力をもつのが、「家計を上手にやりくりする」主婦である。サラリーマンである夫の賃金を所与にしているとはいえ、消費における女性の地位が、ここに、大きく向上してくるのである。

　さて、六〇年代に入ってからのこうした大衆消費社会について、それを、雇用者家族のなかの共同の体系がどう変わるのかという面からみてみると、つぎのようなことになる。

ひとつには、この時代におけるほとんどの消費財はモノとしての生活材であり、ここで人々は、主に利便性や効用を買っていたといえる。先ほどの「三種の神器」が、そのよい例である。そこでは、食品や日用品や家電といった、生活に欠かせない、いわば「くらし消費」とでもいえそうなものが中心であったといえよう。

そこでは、まだ一人一人の暮らしが市場と直結するところまではいかないまでも、それぞれの家族という暮らしの単位が、市場と直結してくる。そして、中流社会と私生活主義という時代の流れのなかで、生産や労働に代わって消費と消費財とが、家族における統合に大きく役立つようになる。TVや電気こたつやホットプレート、そして、たこ焼き器やすき焼き器、また、レジャーや外食などといった消費をとおして、それぞれの家族がまとまっていくのである。そこでの家族の統合にとっての要となってきたのが、主婦（女性）である。

つまるところ、六〇年代からの大衆消費社会のもとで、またたくまに広がってきた商品市場によって枠づけられた消費という分野において、雇用者とその家族が、その全盛を迎えることになる。そして、この大衆消費社会というのは、それぞれに細分化された広大な分業のネットワークによって支えられているのは言うまでもない。村落や町内から外部化された「生産と共同」の体系は、こうして、六〇年代の大衆消費社会という巨大な社会的分業のネットワークとして生成してくる。

雇用者家族からの共同の体系の外部化と家族変容

ところで、とても大切なことであるが、このような商品市場によって枠づけられた消費生活は、じつは、それまで家族のなかに内部化されてきた消費とそのなかに含まれてきた共同の体系が、家族のなかから外部化されてあるということを所与にしている。

たとえば、電気炊飯器でコメを炊くという行為は、それまでの、主婦がかまどでコメを炊き、夫や子どもがその燃料となる薪を割ったり揃えたり運んだりするという、家族のなかの目に見える協力をいらなくする。つまり、そうした家族のなかの共同の体系が、炊飯器というモノへと、言いかえると、そうした商品を生産する企業へと外部化されているると捉えかえすことができる。そのほかに、たとえば炭火鉢や練炭こたつが、石油ストーブやエアコンに代わっていくということについても、ほとんど同じことが当てはまる。それは、女性をはじめとする家族内の共同の体系を、商品によって家族外の市場（企業）へと外部化させるということでもある。

そして、このことは、家族という集団にあっての管理や運営の体系である役割分担、そしてまた、米や水やかまど、そして、薪や炭や竹、そして炎や熱や灰などについての知や情報の体系、また、それらにまつわる自己表出や表象の体系などについても、それを、家族のなかからどこか別なところへと追いやることにもなる。そのほかの例についても、すべて、一事が万事である。

みてきたように、消費のあり方をめぐるこうした変化の背景には、これまで記したのと同じように、それぞれに細分化され専門化された広大な分業のネットワークが横たわっている。高度成長期における大衆消費社会というのは、それまで家族という集団のなかに内部化されてき共同の体系とそのきっかけが、商品市場という社会的分業の巨大なネットワークへと外部化されつくすというプロセスの始まりであったといえるかもしれない。そしてそれは、じっさいに便利で豊かな生活をもたらしたし、また、女性を、それまでの家事の大きな負担から少しでも解き放ち、そのあとの社会進出にもつながっていったといえよう。そしてこれらは、これまでの人類史をふりかえれば、技術革新をはじめとする生産力の向上のほか、どこまでも成長しつづける経済という、とりわけ先進国について当てはまる、きわめてラッキーな史的条件のもとではじめて可能だったのは言うまでもない。

ところで、大衆消費社会のもとにおける家族集団からの共同の体系の外部化は、経済のサービス化がすすむとともに、家族の成員のあいだのなにがしかの目に見える協同や協力を、ますますもって、なくてもかまわないものにさせていく。それは、すぐ右に記したような例にとどまらない。

一九八〇年代になると、モノからサービスへの経済のソフト化とともに、たとえば家庭内での洗濯や掃除が、その一部ではあっても、クリーニング店や掃除業者の仕事として外部化されていく。保育や介護についても、もともとは、とりわけ女性の仕事として家族のなかに内部化されていたものが、かなりのところまで、保育サービスや介護サービスへと外部化されていく。炊事についても、外食のほか、宅食サービスや中食産業などの利用といったかたちで、そうしようとすれば、さまざまな外部化が可能になっている。

そして、そのほかの家事についても、いずれも、なんらかの代行サービス業者へと外部化しえないこともない。子どもの教育についても、塾のほか、地域のスポーツクラブなどへと外部化されているのは、もはや珍しいことではなくなっている。すでに、子どものしつけのほか、学校への送り迎えについても、その代行サービスが取りざたされている。あるいは、性についても、良し悪しはさておき、さまざまな風俗店によるサービスが、かなりのところまで広がっている。

こうしてみると、企業にとってのあたらしい市場とその開拓というのは、すでに記した村落や町内からのさまざまな「生産や共同」の体系の外部化のみならず、ここまでみたように、家族からの、とりわけ共同の体系の外部化と深いかかわりをもっているということが分かる。

こうして、一九六〇年代からこのかた、それまで家族のなかに内部化されてきた共同の体系が、市場サービスや公的サービスへとますます外部化されてくる。それとともに、家族のなかの協同や協力や分担や共有や共助や共感そのものが弱くなったり、なくてもかまわないものになったりしてくる。むしろ、家族が市場サービスや公的サービスの体系のなかから何をどのように選んで消費するかという営みそのものが、家族におけるなんらかの「まとまり」の役目を果たすというふうになってくる。

また、一九八〇年代になると、TVや電話やエアコン、また、へたすると冷蔵庫なども、一家に一台というよりは、それぞれの居室ごとにあるのが珍しくもなくなってくる。さらには、一九八二年の男女雇用機会均等法をきっかけとして女性の社会進出も広がってきて、パートも含めて主婦の就労も増えてくる。また、経済のソフト化によって、高校生や大学生をはじめとしたアルバイトも、かなりのところまで広がってくる。こうして、家族のなかの収入の個別化や分散化とあわせて、家族のなかにおいての家計管理もしくは消費単位の個別化もすすんでくる。

こうして、それまでの町内、そしてとくに村落という「生産と共同」の体系の単位集団の代わりに、消費もしくは労働力再生産の小さな単位となってきた核家族のなかからも、それを支えてきた共同の体系がまたたくまに外部化されていく。その外部化の先にあるのは、ひとつには、市場ネットワークとそれをリードする資本であり、もうひとつは、公的サービスをあずかる政府や自治体などの公的部門である。共同の体系の単位集団として踊り出てきた戦後の核家族は、その全盛を誇った一九六〇年代からの大衆消費社会のもとで、皮肉にも、その家族集団のなかに内部化されてきた共同の体系そのものを掘りくずす火種を抱えるようになるのである。

ところで、ここ日本における平均世帯人員をみてみると、一九六〇（昭和三五）年では五人弱であったのが、二〇一五年では二・五人になっている。ちなみに、単身世帯の比率は、同じく、一六パーセントから三三パーセントにまで上がっている。さらには、二〇一五年で、二五から二九歳のなかで、男で七三パーセント、女で六一パーセントが未婚である。そして、三〇から三四歳のなかでは、それぞれ四七パーセントと三五パーセントが未婚にとどまっている。

これらの数字は、たんに、非婚もしくは諦婚がすすんだというだけではなくて、それとあわせて、共同の体系の単位集団であったこれまでの家族が、そのなかから共同の体系そのものを外部化させてきているということの、ひとつの表れでもあると捉えかえすことができるかもしれない。なぜならば、共同の体系を内部化させてきたこれまでの家族という集団をそんなに当てにしなくても、その気になれば、もしくは仕方なしにせよ、家族のなかから外部化された共同の体系にもとづいて、人々は、一人でもなんとか暮らしていけるようになっているからである。もちろん、そのためのカネがなければ、そうはいかない。もし、そうなってしまうと、人々は、さまざまな共同の体系そのものからも外されてしまわざるをえない。こうして、ここ日本における、これまでとはちがった、まさに今日ならではの貧困の闇が広がってくることになる。

こうしてみると、一九六〇年代からすすんできた核家族からの共同の体系の外部化は、とくに二〇〇〇年あたりから目立ってきた非婚の増加、つまり、共同の単位集団としての家族そのものの消失という流れを予言するものであったのかもしれない。そこには、女性の経済的な自立のほか、とくに若い人たちのあいだの非正規雇用の増加がもたらす結婚とその後の暮らしへの経済的な不安、また、そもそも出会いのチャンスがなくなっている、などという理由のほかに、より根本的なものとして、人々のあいだに、共同の体系の単位集団としての家族そのものへの必要性が弱まってきているという今日的な背景がある。つまり、家族という集団のなかから共同の体系がかなりのところまで外部化されてしまっている今日、人々は、あえて、共同の体系が内部化された単位としての家族を作らなくても、大なり小なり、それぞれの日々の暮らしができるだろうと思うようになってきたのである。

こうして、六〇年代からの大衆消費社会においてその栄華を誇っていた雇用者とその家族からなる核家族は、じつは、その底に、その解体に向けての時限爆弾をも内包させつつあったといえよう。六〇年代からの村落や町内がそうであったように、家族もまた、二〇〇〇年あたりから、共同の体系の単位集団という視点からみるかぎりにおいては、人々にとってもつその大切さを失いかけてくる。今、これまでとはちがった、さまざまな家族のあり方が問われているのも、もっともなことである。

三　職場共同体からの「生産と共同」の体系の外部化

今日、それぞれの企業は、国内はもちろんのこと、海外にまで広がる「生産と共同」の体系のネットワークのなかの、いずれか一部を担っている。そして、人々は、そのネットワークのなかの、ほんの小さないずれかの細部を分担するかたちをとりながら、それぞれが、どこそこにあるなにがしかの職場のなかで働いている。昨今では、事業所や、とくに職業の分類がものすごく多様になっていることからも分かるように、そのネットワークは、ますます細かく専門化もしくは断片化され、しかも、つねに新旧の入れ替わりを繰りかえしている。

こうした社会的な分業のあり方は、大きくみてみると、全体からすればごくわずかな部分ではあっても、ある企業のなかに内部化されてきたこれまでの「生産と共同」の体系のなにがしかが、同じ企業のなかの別な部門へと、もしくは、ほかの企業や事業所のより大きな分業のネットワークへとますます外部化されていく動きだと捉えかえすことができるかもしれない。たとえば、これまでにない商品やサービスのあらたな事業化のほかに、分社化や事業のアウトソーシング、そしてまたニッチビジネスや起業の広がりなどがその一例である。そして、かなりマクロにみれば、一人一人の雇用者たちは、そのように移ろいゆく広大な市場と分業のネットワークを支える、ほとんど目に見えない、ひとつの元素のようなポジションにおいて働いている。ここ日本においては、すすみゆく経済のグローバル化とＩＴ化もあいまって、そのような動きが、一九九〇年代からますます強まっている。ここでは、そのプロセスと、それが人々にとってもつ意味について考える。

つぎに、ひとまずは、このような状況になってくる前の企業と職場、そしてそれがもっていた人々にとっての意味についてみてみることにする。

日本的経営とその長所

ここ日本では、一九五五年あたりからの高度成長をきっかけとして、それぞれの企業は、細分化されるとともに、専門化もしくは断片化された「生産と共同」の体系の広大な分業ネットワークのなかの、いずれかの部分を担うかたちでその経営をつづけている。その分担も、スピードアップする世の流れのなかで、いろいろ変わることが当たり前になっている。そして、ほとんどの人々は、雇用者として、このいずれかの企業、もしくはそのなかのいずれかの部門をみずからの職場として働いている。そしてかなりの人たちは、とくに男がそうであるように、一九九〇年あたりまでつづいてきた日本的経営という労使慣行のもとで、いわゆる「会社人間」として、その職業人生を全うしてきたといってよいかもしれない。よって、ここでは、まずはこの日本的経営について、人々によって作りあげられてきた「生産と共同」の体系とその変化という視点から考えてみることにする。

さて、この日本的経営というのは、よく知られているように、①終身雇用、②年功序列、③企業内組合もしくは企業内福利厚生、という三つの柱をまとめたものである。それは、社員による企業への忠誠や従属を迫るものとみなせないこともないことから、初めのころは、徒弟制やイエ制度などを思わせてしまう日本ならではの半封建的な仕組みであり、非民主的な労使慣行だとして批判の目にさらされがちであった。また、労働力の流動化を阻むものとして、その「近代化」が求められもしたのである。

しかし、好景気がつづくなかで、じつは、この日本的経営こそが、びっくりするような経済成長をもたらした秘訣であったという評価が定まってくる。それはまた、「ケイレツ」や「シタウケ」といったイエ的なハイアラキーをも含めて、とくに労務管理を主とした日本企業ならではの長所であるとして持ち上げられてくる。「イエ型集団原則」としての日本的経営を唱えた村上泰亮・公文俊平・佐藤誠三郎『文明としてのイエ社会』(一九七九年)や、エズラ・ボーゲル『ジャパン・アズ・ナンバーワン』(同年)、などがその一例である。こうして、「企業社会」や「会社主義」といったキーワードにもみてとれるように、人々の暮らしのなかに、どちらかというと企業中心の価値観がいきわたるようになる。それは、すでに記した私生活主義とコインの裏表の関係にあるのは言うまでもない。一九六〇年ころから、せいぜい九〇年代あたりまでのことである。

この日本的経営の長所は、一つめには、ブルーカラーであれホワイトカラーであれ、生産と経営の高度化と多様化、そしてそれらのスピードアップがそれぞれの企業に欠かせないものとして迫ってくる高度な人材を、長期にわたって社内で内部育成するということにある。それによって、ＭＥ化やＩＴ化のほか、多角化とともに分社化していく事業にも順応できて、しかも、いずれかひとつの職務をこなすだけではなく、どのような変化にも即応できるマルチ人材が育成されることになる。そして、それが、労働力という面から企業の成長を支えたのである。

そのためには、自由な労働市場がなかなか成り立ちにくいここ日本においては、社員のインセンティブという面からも、賃金のほかに、終身雇用と年功序列という仕組みが欠かせないものとなる。こうして、企業は、この日本的経営のもとで、配置換えや転勤などといったかたちをとる職務やポストの異動を含んだ人材のフレクシブルな内部調達を手にしえたのである。それにたいして社員もまた、終身雇用と年功序列のほか、すぐあとに記すような企業内福利厚生も含めての、長きにわたる企業帰属がもたらす、どちらかというと豊かで安定した暮らしというメリットを手にしえたのである。

つぎに、日本的経営の二つめの長所として、社員の「主体的」な参加、いいかえると、ボトムアップ型の企業経営をあげることができる。コストダウンにつながっていくような製品や工程の効率化や工夫を見つけようとする、小チームによるＱＣ活動がその一例である。その成果は、「ＫＡＩＺＥＮ」や「ＴＥＩＡＮ」などの用語とともに世界に広がったのは、よく知られている。そこでは、現場の知恵や裁量をかなりのところまで認めつつ、社員による経営への「参加」がめざされている。これらは、ここ日本における協調的な労使関係が成り立つフォーマルかつインフォーマルな集団文化を土台にしていて、それが、どちらかというと競争を避けがちな集団文化ともあいまって社員の一体化につながり、日本の世界における企業成長を、高度かつ従順な労働力という面から支えたのだと評価されたのである。

また、こうした経営への「参加」は、それをとおして社員の「やる気」を引き出しつつ、その能力の発現につなげることになる。それによって、社員は、企業ないし職場をみずからの主体的な自己表出の場とするとともに、それぞれの生きがいを職場へと一体化させやすくなる。他方でそれは、企業にたいして、より効果的な労務管理の成功をもたらしたのである。そこでは、「参加」を認めるぶんだけ大きな判断が遅れたり、責任のありかが不明であったり、また、社員の職務やその線引きがはっきりしなかったりするというマイナス面も生じがちとなる。しかし、これは、グローバリゼーションの大波が押しよせてくるまでの高度成長期にあっては、一国レベルでの企業拡大を支えるにあたって、かなりのところまで役に立った仕組みであったともいえよう。

つぎに、日本的経営の三つめの長所として、社員の福利厚生の充実をあげることができる。その一例としては、よくある家族手当のほかに、社宅や住宅手当の支給、持ち家のための社内ローン、さらには、社内病院や保養所や企業年金などがある。これは、公的サービスを担っている政府部門の遅れを企業がカバーするというかたちをとりつつ、賃金と福利厚生とによって企業と社員家族を結びつけるという役回りをもっている。さらにそれは、旅行やゴルフコンペや芋煮会といった社内イベントのほか、日々の濃いめなツキアイなどともあわせて、社員家族と企業とが互いに支えあうという文化を育むことになる。そしてこれは、企業の成長がそれぞれの社員の生活の豊かさに結びつく仕組みであるとともに、終身雇用と年功序列ともあいまって、社員の仕事へのインセンティブの高さにも結びつくものであったといってよいだろう。

こうして、日本的経営は、社員と企業との関係がもともと全人格的なものではないはずなのに、企業を社員にとっての大切な準拠集団にまで高めることに、かなりのところまで成功したといえよう。しかし、他方では、社員による社外の集団や人々との交わりを遠ざけがちとなり、企業への求心力のみが強まることにもつながっていく。たとえば、「わが社」とか「会社人間」というキーワードなどが、それを示している。それは、木下律子『妻たちの企業戦争』（一九八三年）にも記されているように、夫の妻である女性たちにとっても、大なり小なり当てはまるところがあったといってよいかもしれない。

「第二のムラ」としてのカイシャ——人材育成の内部化体系——

さて、このような日本的経営は、今日の「生産と共同」の体系、言いかえると、細分化され専門化もしくは断片化された広大な社会的分業のネットワークのなかにあって、そのいずれかの部分を担うひとつの企業のなかに、その体系についてまわるところの、組織の管理や運営の体系、また、知と情報の体系、表出と表象の体系のなにがしかの部分が、まさに人材育成の体系をとおして、かなりのところまで社内内部化されていたものだと捉えかえすことができる。

つまり、高度成長期にあって、企業は、すでにある部門をもっと拡大させていくのみならず、あたらしい部門を多角的に切り拓きながら、つぎつぎと変わっていく技術やマーケットにたいして、さまざまな企画や商品開発や管理運営の体制をスピーディーに対応させていかなくてはならない。そして企業は、広大な分業のネットワークのなかでみずからが分担している生産の体系とその変化に合わせて、それについてまわる右に記したようなもろもろの共同体系をもフレクシブルに変えていかなくてはならない。そのためには、「わが社」の仕組みや社風をよく知っていて、なおかつ、さまざまな局面において高度な力量を提供できる人材の内部育成がどうしても欠かせない、と考えたのである。じっさい、それが、一九九〇年あたりまでは、かなりのところまでうまくいっていたといえよう。

このように、この日本的経営という仕組みは、人材育成をひとつの企業のなかに長きにわたって内部化させてきたところにその要があったとみなすことができる。そうした人材育成の内部化という仕組みを所与としてはじめて、それぞれの社員とその家族が、福利厚生ともあいまって、その企業に長きにわたって働くメリットを手にすることができたのである。

こうしてみると、戦後しばらくたってからの「生産と共同」の体系の移行期にあって、人々にとってなにがしかの共同の体系が欠かせないにもかかわらずそれが十分ではないとき、日本的経営という特徴をもった人々の雇用の場としての企業（カイシャ）という集団が、かつての村落や町内という集団が果たしていた共同の体系のなにがしかを大なり小なり引きつぐようになるのは、そんなに首をかしげるようなことでもない。それと、かつてよく耳にした「社員はみな家族だ」という社是にもうかがわれるように、日本の企業は、もともと家業や同族にそのルーツがあるものが多かったからでもある。とはいっても、それは、長きにわたるフレクシブルなかたちでの高度な人材入手という、企業にとっても十分なメリットが見込めるかぎりにおいて、であることは言うまでもない。ちなみに、そうした社是は、たとえあったとしても、今では、ほとんど空語になっていて久しい。

こうして、社員のそれぞれの暮らしや福利厚生、また、人生における自己表出やコミュニケーションのあり方をも含めて、企業（カイシャ）が、いわゆる「第二のムラ」と称されるようになってくる。とくに、自由な労働市場がなかなか成り立ちにくい日本にあって、企業は、社員にとって、たんに賃金を得るというのみならず、その手厚い福利厚生もあいまって、広くは「生活保障の体系」の一角を担ってきた村落共同体と似たような性格をもってくるようになる。

そこには、あまりたしかな言い方ではないものの、よく言われてきたような、日本人が培ってきた集団主義的な、もしくは帰属主義的な文化というものがなにがしかかかわっているのかもしれない。とはいえ、それは良いことばかりではなくて、社員は、かなりの長きにわたって利害を共にするがゆえの同質性と協調性への圧力にさらされがちになる。あわせて、みずからの意に沿わないかたちでの配置換えや単身赴任などのほか、長時間にわたる過重労働といった負のコストにもさらされがちとなる。かたや、企業にとっても、ややもすると、前例主義や事大主義といったことにもなりがちである。そのことによって、経営の刷新や改革が遠のいてしまうというリスクを背負うことにもなりかねない。

ともあれ、日本的経営という労使慣行が広がりはじめる一九五五から六〇年代にかけてという時期こそが、それまでの「生産と共同」の体系が内部化された単位集団としての村落（第一のムラ）から「第二のムラ」（カイシャ）への部分的な乗りつぎをたやすくしたタイミングだったといえるのではなかろうか。つまり、企業にとって、その人材育成の内部化によって高度な労働力をフレクシブルなかたちで社内調達しようとした仕組みそのものが、じつは、地方における「第一のムラ」から都市へと移り住んできたばかりのたくさんの雇用者とその家族たちにたいして、それにとってかわるなにがしかの受け皿を、日々の暮らしのうえでも、そして交際や意識や自己表出のうえでも用意することになったとみなすことができるからである。

こうして、日本的経営という労使慣行のもとにかたちづくられたいわゆる「第二のムラ」は、戦前から一九六〇年あたりまで村落のなかに長らく内部化されてきた「生産と共同」の体系が、たちまちのうちに市場のネットワークと公的サービスのネットワークへと外部化されようとしていた時期における史的産物であったといえよう。それはまた、「第一のムラ」から都市へと移ってきたたくさんの雇用者とその家族たちが、右の外部化ネットワークにいわば丸裸で対峙しなくてはならなくなる前における、いわば過渡期における共同の体系にかかわる史的産物でもあったといえるのではないだろうか。

しかし、ここ日本では、九〇年代半ば、とくに二〇〇〇年ころから、人々にたいして、そうした外部化ネットワーク体系への、一人一人による、いわば丸裸での対峙のあり方が迫られてくるようになるのである。

人材育成の外部化と職場集団の変容

ここ日本では、九〇年代も半ばになると、それまでのバブル経済もはじけてしまって、人々の雇用や職場をめぐる状況は一変してくる。そして二〇〇〇年代になると、「リストラ」や「雇止め」などといったキーワードにもみられるように、働く人たちにとって、かなり辛い状況が広がってくる。さらに、台湾や韓国、そして中国やタイやベトナムをはじめとするアジアの国々の力が上がってきただけでなく、多様化しスピードアップする市場環境が、国内はおろか、グローバルレベルでの企業の競争を、ますますキツイものにしてくる。しかも、高度成長期における成功体験があまりにも大きかっただけに、ここ日本では、あたらしい企業展開に向けたプランと戦略が、やや甘くなったとも言われている。

そのこともあいまって、いわゆる日本のお家芸ともいえる「ものづくり」がもってきた世界における優位性が、またたくまに失われてくる。しかも、MEのほか、とりわけITによって経済がソフト化するにつれて、企業に大きな利益をもたらす種（シーズ）も変わってくる。すると、これまでボトムアップ型の手法を得意としてきた日本企業は、かえって、それに速やかに対応できなくなってくる。こうして、かつての日本的経営の長所が、そのまま、経営の足かせになってしまうことになる。それとともに、企業収益が低くなってコストカットへの圧力が強まり、それが、人件費コストを削るための雇用調整へとつながってくる。ここに、いわゆる雇用者の選択的管理の時代がやってくるのである。

その兆しは、すでに九〇年代半ばにはみてとれたものの、雇用の不安定化と流動化の動きが大きくなるのは、とくに二〇〇〇年代に入ってからのことである。よく言われているように、その下地になったのが、一九八六年に施行された「労働者派遣法」である。そして、九九年には、派遣が全ての業務にまで及ぶようにゆるめられた改正法が施行される。さらには、一九八六年に施行された「男女雇用機会均等法」があり、それは、一部の女性を性別にかかわりのない成果競争に向かわせるとともに、そのほかの女性たちを、右の「派遣法」ともあいまって、いわば周辺労働の「フレクシブル」な担い手として定着させることになったともいわれている。

さて、九〇年代半ば、とくに二〇〇〇年代に入ってくると、いわゆる「冬の時代」や「失われた二〇年」などのキーワードにもみてとれるように、マイナスの経済成長が当たり前のようになってくる。企業は、長引く不況のほかにもグローバルな競争もあって、人件費をはじめとする経営コストを、なるたけ切り下げようとする。ここに、賃金カットや転籍や出向はおろか、リストラやレイオフも増えてきて、雇用をとりまく状況が悪くなって、ますます不安定なものになっていく。とくにバブル期においては、会社に拘束されないですむ自由な働き方がもてはやされたフリーターたちも、九〇年代にはそのもつ意味が逆になって、親にパラサイトしなくてはならなかったり、苦しい生活を強いられたりするようになったりする。

さらに、企業では事業の「選択と集中」がすすみ、それとともに、部門や業務のリストラクションやアウトソーシングがすすむ。それによって雇用のフレクシブルな多様化がすすむとともに、派遣労働が増えてくる。のみならず、派遣止めや再契約の打ち切りも、珍しくなくなってくる。「就業構造基本調査」によれば、非正規労働者は、二〇一五年でほぼ二〇〇〇万人、役員ではない雇用者全体の四割にもなっている。そのうち、「やむなく非正規」なのは、全体でほぼ二割、二五～三四歳では、ほぼ三割になっている。これとともに、とくに若者のあいだにワーキングプアが増えてきて、昨今では、さまざまな格差が大きくとりあげられるようになっている。

このように、たちまちのうちに正社員の比率は下がってきて、終身雇用はかなりのところまで崩れてくる。また、「成果主義」や「能力主義」などが広まるとともに、年功序列も崩れてくる。企業内福利厚生も、コストカットの大波のなかで切り下げられてくる。それとともに、転職や中途採用、また、ときにはヘッドハンティングといったかたちをとって、労働市場もかなりのところまで自由になってくる。さらに、企業の海外展開が当たり前になってくるのにつれて、従業員のなかに占める外国人の比率もかなりのところまで上がってくる。英語による会議のほか、社長が外国人であることも、すでに珍しいことではなくなっている。ここに、高度成長期からつづいてきた日本的経営は、ほとんど、その終わりを告げるようになるのである。

さて、こうした日本的経営の後退は、「生産と共同」の体系とその変化という視点からみると、これまでの事業や業務の社内からの外部化の動きとともに、先に記したような内容を含んでいる人材育成の社内内部化を改めていって、そのかわりに、その育成を社内から外部化させていく動きとして捉えかえすことができよう。M&Aのほか、派遣社員の活用をはじめとする必要ごとの非正規社員の雇用や、社内研修の外部委託、そして社長や経営スタッフの外部導入などがその一例である。また、企業からの人材育成の外部化の動きとともに、大学や教育にたいしても、企業にとって即戦力になりうるような人材育成に向けての圧力が高まってくる。さまざまなかたちをとった、人材育成の社内からの外部化がすすむのである。

さらには、いわゆるトップダウン方式が幅を利かせてくるとともに、いわゆる「現場」の裁量も小さくなる。そうすると、先輩から後輩にたいしての経験や技術の引きつぎもむつかしくなって、それとともに、全体として、情報の共有や社内コミュニケーションの総量も落ちてくる。とくに、非正規社員たちの仕事へのモチベーションも低くなって、さらには、正社員とのあいだの分断や格差も広がり、それが、職場での連帯や信頼の低下へとつながってくる。かたや、少ない正社員に仕事や責任が集中するようになり、長時間労働や過労やメンタル疾患などのリスクが広がってくる。

こうした職場環境の激変によって、職場や企業への失望とともに、未来にたいするぼんやりとした不安や諦観が広がりつつある。また、よりマクロにみれば、人材のレベルは低迷し、非婚や少子化、そしてそれらがもたらす年金や福祉や医療などをはじめとする社会保障の劣化などが取りざたされている。

こうして、社内からの人材育成の外部化は、これまで社内に内部化されてきた組織の管理や運営の体系のほか、知や情報の体系、表出や表象の体系などについても、その人材育成の外部化とともに、ひとまとめになって、社内から外部化されていくことになる。その外部化の先にあるのは、主に、より細かく分かれた専門的もしくは断片的な市場の広大なネットワークと、それによって支えられる分業の広大なネットワークである。日本的経営がかなりのところまで崩れてしまった今、正社員か非正規社員かにかかわらず、かつてのような、「わが社」や「会社人間」といった価値観は、あまりはやらなくなっている。それは、高度成長期からつづいてきた、いわば「第二のムラ」とも例えられたような、社員とその家族にとってのなにがしかの共同の体系の一部を担ってきた単位集団としての企業（カイシャ）や職場の変容と衰退をよく示している。

四章　「共同体外部化社会」と「浮上してくる個人」
——戦後日本における社会の生成と個人——

一　共同体ビッグバンと共同体外部化社会の生成
——共同体（共同集団）からの「生産と共同」の体系の外部化——

共同体（共同集団）ビッグバン

さて、先の二章において、ここ日本の戦前における社会的分業の拡大を、中広域の地域圏（郷土圏）に長らく内部化されてきたそれぞれの「生産と共同」の体系が、互いに外部化を繰りかえして、たちまちのうちに一国レベルへと均質的に広がっていく動きとして捉えかえしておいた。そしてそれは、資本がその生産力を上げていく道のりであるのはもちろんのこと、日本が中央集権的な国家としての体をなしていく道のりでもあった。そこでは、しかし、人々の日々の暮らしのレベルでいうならば、「生産と共同」の体系、また、そこに編みこまれている知や情報の体系、管理や運営の体系、また、表出や表象の体系とそれらにまつわるさまざまなきっかけは、その大半が、とくに村落といった島宇宙のなかに、かなりのところまで自立的に内部化されたままであった。

つまり、そのころの日本にあって、村落のなかで暮らしているほとんどの人たちにとっては、ごくわずかなケースはさておき、地域圏の互いの外部化の先にある、一国レベルにおける市場ネットワークの直接の一員になるのはごく稀なことだったのであり、そのことは、そのネットワークに直に対峙することもそれほど多くはなかった、ということでもある。それは、そうした外部化の動きをリードする資本ないし国家の力が、まだ、ある広がりのもとにある地域圏レベルよりも奥深いところにまでには及んではいない、いわば生成されかけの段階にあったということでもある。このことについても、すでに記したとおりである。

しかし、戦後になって高度成長がつづいてくると、すでにみたように、一九五五年から六〇年代にかけて、こんどは、その村落から、そして都市での暮らしにおいては町内から、それまでそこに内部化されてきた「生産と共同」の体系が、ものすごい勢いで外部化されていく。それとともに、細かく分かれた専門的もしくは断片的な市場サービスと公的サービスの広大なネットワークが張りめぐらされていく。そしてこれら二つの動きは、互いに相乗するものであるのは言うまでもない。

しかも、この動きと合わせながら、過小農としての戦後自作農たちのあいだでの農民層分解がつづくなかで、とりわけ雇用者として村落からはじき出ていった人たちとその家族からも、同じように、その共同の体系のかなりの部分が、これまたすごいスピードで外部化されていく。その外部化の先にあるのも、これまでになく細かく分かれた専門的もしくは断片的な市場と公的サービスの広大なネットワークである。

こうした「外部化」の広がりとそのさまざまな因子のなかにこそ、じつは、ここ日本における、まさにミラクルなまでの経済成長の社会的なバネが折りたたまれていたといえよう。そして、これら二つの「外部化」のネットワークこそが、マクロレベルでの社会的分業の体系だということになる。それは、意思決定や企画や計画や実行や補助といった、それぞれの組織の管理や運営の細かく分かれたヒエラルヒー体系をなしているのは言うまでもない。それはまた、さまざまに分かれた労働や職位のヒエラルヒー体系でもある。知や情報の体系、そして、表出や表象の体系についても、まったく同じである。そして、どこまでも散らばっていくこの広大な社会的分業の体系こそが、今日における「生産と共同」の体系の実体だということになる。その単位は、すでに一国レベルをはるかに超えてグローバルレベルにまで広がっていて、しかも、その一部は宇宙空間にまで飛び出している。これについても、すでに記したとおりである。

さて、右に記したような村落や町内、そして家族からの「生産と共同」の体系の外部化についていえば、それは、「生産と共同」の体系が互いに外部化されていくときの単位となる集団が、明治から戦前までにおける先の地域圏（郷土圏）に比べると、人々の暮らしにとって、もっと直接の、そして、より身近な集団にまで狭まってきたということになる。人と人との協力や協同、そして共有や共助や共感といった、直で目に見える関係によってこそ成り立ってきたもっとも基本的な集団を草刈り場にして、そこに長いこと内部化されてきた「生産と共同」の体系が、市場と公的サービスによって支えられる広大な分業のネットワークへと外部化されていくのである。

それは、「生産と共同」の体系の外部化に作用する資本と国家の力が、かつての地域圏をはるかに超えて、それだけかなり深いところにまで及んでくるようになった、ということでもある。それは、それぞれの共同体もしくは共同集団のなかに内部化されてきた「生産と共同」の体系のなにがしかの個性をそぎ落とすとともに、「生産と共同」の体系を全体として均質なものへと促していく。このごろでは当たり前になってしまった郊外のロードサイドの風景などは、それをよく映し出している。

そもそも、都市化や都市的生活様式の広がりにしても、それは、右にみてきた「外部化」にともなう均質化のひとつの現れでもある。そのほかにも、言葉や教育や住居や食べ物や遊びなど、人々の暮らしのさまざまな分野において、「生産と共同」の体系と、それについてまわってきた組織の管理や運営の体系、知や情報の体系、表象や表出の体系などのさまざまなきっかけが、戦後のほんの短いあいだに、雪崩を打つようにして均質化されていく。

こうした均質化の動きをともないながら、それぞれの家族ないし人々が、その日々の労働や消費の営みをとおして、一国レベルにまで広がった市場のネットワークと公的サービスのネットワークの一員、いいかえると社会的な分業のネットワークをじかに担う一員になるとともに、そのネットワークと直に対峙することになってくる。しかも、一九九〇年代、とくに二〇〇〇年代に入ってくると、これもすでにみたように、日本的経営のもとで人々がその職場として働いてきた企業（カイシャ）という「第二のムラ」にあっても、そこになにがしか分担的に内部化されてきた「生産と共同」の体系が、事業や業務のさまざまなアウトソーシングというかたちをとって、社外へと外部化されていく。そうしたなかで、人々は、それまで社内に内部化されてきた人材育成がかなりのところまで外部化されるというかたちをとって、市場と公的サービスの広大なネットワークのなかに、いわば丸裸のままで呑みこまれていく。

こうしてみると、とりわけ村落や家族、そして日本的経営のもとにあった企業（カイシャ）という「第二のムラ」は、そこに長いこと内部化されてきた「生産と共同」の体系を、市場と公的サービスのネットワークという広大な宇宙の生成へと向かって互いに外部化を繰りかえしていくエネルギーをつめこんだ、ひとつの「胚」のようなものとして例えることができるかもしれない。それを、二章で述べたような「地域圏ビッグバン」になぞらえて、ここでは、「共同体（共同集団）ビッグバン」とでも言いあらわしておくことにする。

そして、それまでの「生産と共同」の体系が、その単位としての共同体（共同集団）から外部化されていったところに生じてくる社会的な分業の体系を土台にした、あらたな「生産と共同」の体系の総体のことを、ここでは、「共同体（共同集団）外部化社会」とでも名づけておくことにする。それをリードするのは、いうまでもなく資本であり、そして国家である。

しかし、ここでの資本は、先の生成されかけの第一期の段階をはるかに越えて、それぞれの地域圏のあいだの互いの外部化のなかだけではなくて、それに加えて、村落や家族や職場といった人々の基本集団からの「生産と共同」の体系の外部化のなかにも、その利潤のチャンスを広げるようになる。それは、ここ日本においての、いわば第二期の資本主義の段階ということができるかもしれない。それは、「生産と共同」の体系を内部化させていたかつての共同体もしくは共同集団が、いわば「求心性」とか「保守」の論理を主としていたとするならば、こんどは、「外延化」もしくは「拡大」や「成長」の論理を主としたものとなってくる。そして、それは、これまでにもよく言われてきたとおりである。

「できあがってきた社会」と個人

ひるがえって、そうした「外部化」の動きに合わせて、村落や町内、また、家族や職場といったそれぞれの集団にあっては、そこに長いこと内部化されてきた「生産と共同」の体系が空洞化したり消えかけたりしてくる。そしてそれは、その体系についてまわってきた、組織の管理や運営の体系、また、知や情報の体系、さらには、表出や表象の体系などを支えてきた人と人との協力や協働、そして共有や共助や共感といった、直で目に見える関係もまた、弱くなったり消えていったりすることにつながっていく。そして、そのことがまた、それぞれの集団そのものがこれまで果たしてきた役割やその性格のみならず、そこでの人々の行動や意識をも大きく変えていくことになる。

つまり、そうなってくると、人々は、そうした「生産と共同」の体系を内部化させてきた単位集団から遊離したり浮上したり、もしくは自立しなくてはならないようになってくる。よく言われてきたように、都市化や私化などがそうした変化の一因であったにしても、やはりその主因はむしろ、社会的な分業がすすむにつれて、「生産と共同」の体系が、それを長らく内部化させてきた単位集団から外部化されていくという動きにこそ求められるのではないだろうか。人々が作りあげる「生産と共同」の体系とその単位が大きく変わるとき、そこに生きる一人一人の行動や意識もまた、大きく変わらざるをえないからである。

こうした状況が広がってくるのが、ここ日本においては、一九五五年あたりからの高度成長期だということになる。

そうなってくると、多くの人たちは、それまで村落ないし家族のなかに内部化されてきた「生産と共同」の体系から分離もしくは自立しつつ、どこまでも広がる社会的分業のネットワークのなかのいずれかを担う原子として考えたり行動したりするようになる。というよりは、むしろ、そうしなくてはならないように迫られてくる。しかも、それは、それぞれの人たちが、そのことを自覚するとしないにかかわらず、結果として、そうならざるをえないものとして立ち現われてくる。それは、日本的経営が崩れてきて、「第二のムラ」としての企業（カイシャ）が大きく変わってくる一九九〇年代、とくに二〇〇〇年代になってから、とりわけ目立つようになっている。

ここに、明治から戦前までの、そして戦後しばらくまでの村落や町内においてとはまったくちがった、人々によって作られる「生産と共同」の巨大な体系ができあがってくる。そしてその体系は、人と人との直の協同や協力、そして共有や共助や共感などによって支えられるものではなくなってくるのは言うまでもない。しかし、一人一人の目からは見えにくいうえに間接的な広がりでしかなく、しかも遠くにあって自分の力が及ぶはずもなさそうな疎遠なものであったとしても、じっさいにその体系なしでは、人々のそれぞれの暮らしそのものが成り立たない。しかも、それぞれの人たちの労働や消費という日々の営みこそが、まわりまわって、その疎遠で広大なネットワークを成り立たせているのである。そうしたものとして、細かく分かれた専門的もしくは断片的な社会的分業の広大なネットワークが生成してくる。しかもそれは、先にも記したように、つねに、新旧の入れ替わりを繰りかえしている。

よって、それは、戦前に、もしくは戦後になってまもなくしてから生を受けたたくさんの人たちの暮らしにとっては、また、村落や町内からはじき出されて、それぞれ一人一人とその家族という単位で暮らさざるをえなくなってきた人たちにとっては、これまで思いもしなかったような未知の動きとして経験されたり、感知されたりしてくるものとして立ち現れてこざるをえない。それは、たんに人々の暮らし方のレベルにとどまらず、その考え方や生き方にまでも及ぶものであったことだろう。

これこそが、戦前までそうであったような、ほんのわずかなエリートたちだけにとってではなくて、ここ日本におけるほとんどすべての人々にとって、はっきりと社会として経験され、また感知されてくる実体である。ここに、社会が社会として生成してきて、なおかつ、この社会を社会として経験したり感知したりする、たくさんの個人が生成してくるのである。

これとともに、「個人と社会」というテーマもまた、戦前においてそうであったような、どことなくぼんやりしていて、遠い小説の世界のようなものとしてではなく、ごくフツーの暮らしを送るほとんどの人たちにとっても、日々つねに突きつけられるとともに、まさに個人としてのみずからが、それにたいしてなんらかの対応を迫られるテーマとして立ち現われてくる。ここにきて、社会は、先の二章でみたような、「地域圏ビッグバン」のもとでの「地域圏外部化社会」がもっている「生まれたての社会」という性格とはかなりちがった、いわば「できあがってきた社会」として、もしくは「独り立ちした社会」として立ち現れてくるようになる。

こうした個人や社会、そして、こうした「個人と社会」のステージにいたるには、ここ日本においては、大まかにみれば、戦後になってからの高度成長期をまたなければならなかった。ヨーロッパと比べれば、ゆうに一〇〇年は遅かったということになる。社会や個人の歴史、そして、人々による社会の感知の歴史、さらには、「個人と社会」の歴史もまた、ここ日本においては、つい先ごろに始まったばかりだともいえよう。

なお、**図3**は、これまで記してきた「共同体（共同集団）ビッグバン」のもとでの「共同体外部化社会」と、その「できあがってきた社会」としての性格、また、そのなかでの個人（「わたし（らしさ）」）の位置についてのイメージを描いたものである。なお、この「わたし（らしさ）」についてのくわしいことは、つぎの五章でとりあげることにしてある。

図３　共同体ビッグバンと共同体外部化社会／「外部化」の第Ⅱ段階

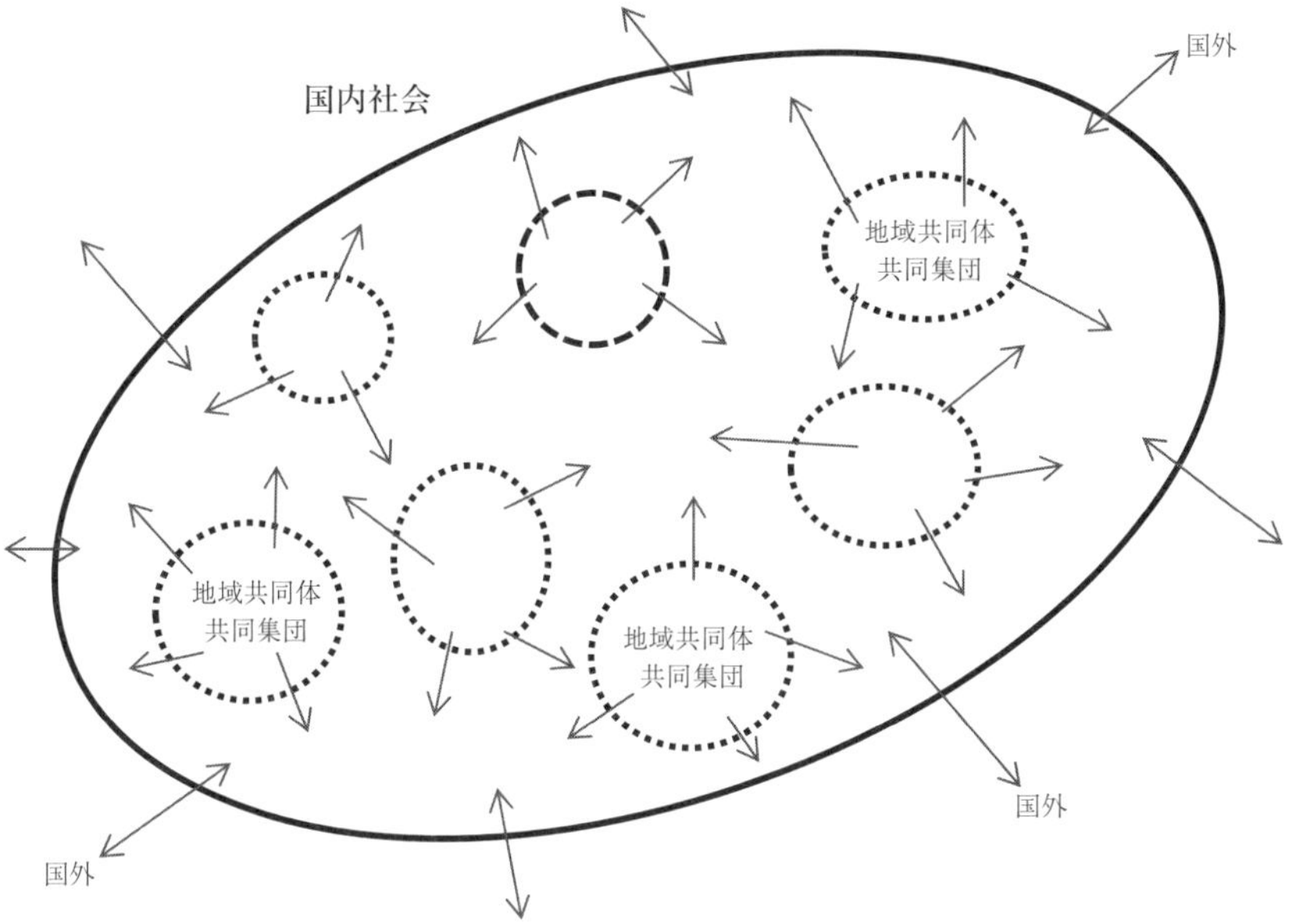

○ 地域共同体・共同集団と個人

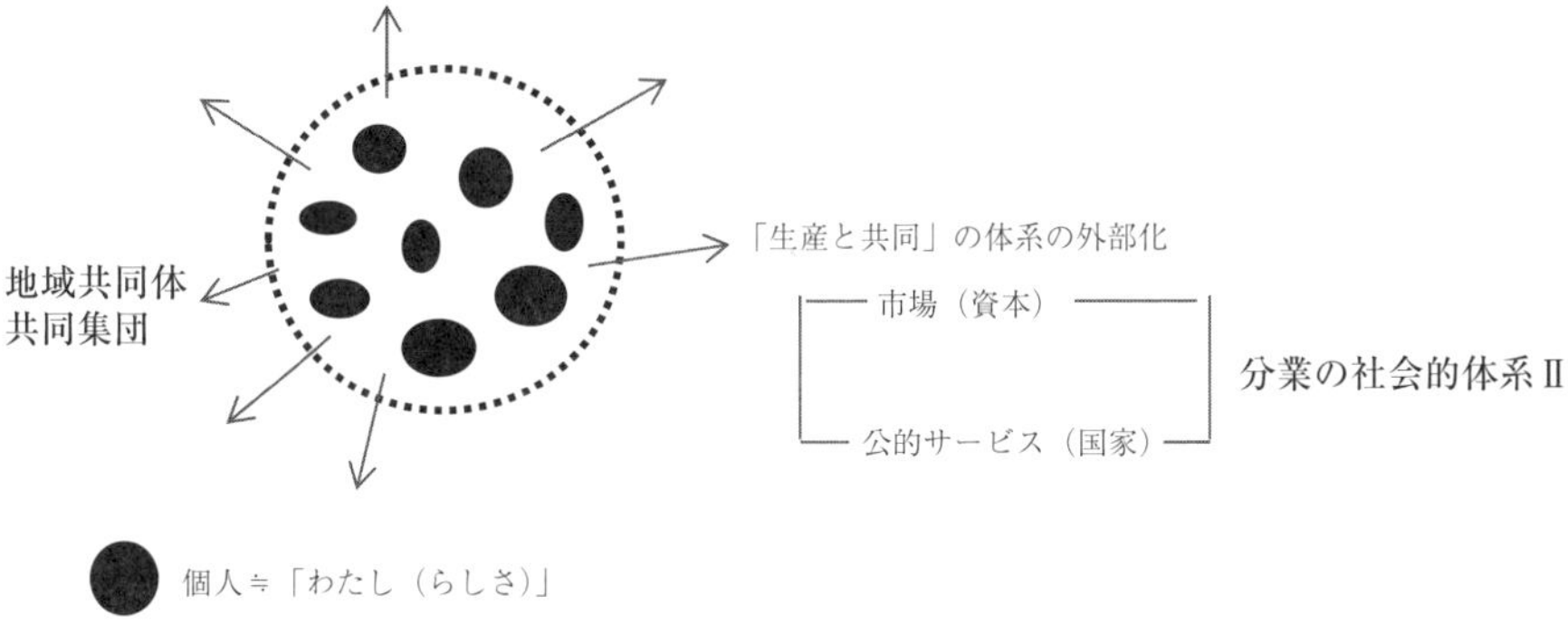

○ 個人＝「わたし（らしさ）」

二　戦後日本における「浮上してくる個人」の生成
――「生産と共同」の体系の内部化から外部化への動きとのかかわりで――

社会的な分業ネットワークとともに生成してくる個人

そもそも、日本で、an individualが「個人」と訳されたのは一八七七（明治一〇）年あたりで、同じく、societyが「社会」と訳されたのは一八八四（明治一七）年あたりだとされている。いずれにしても、二つとも、明治の初めあたりまでにはなかったコトバ（概念）だといってよい。

すでに記したように、そのころは、実体としての社会は、まだまだ生成されかけであったし、よって、実体としての個人についても同じである。つまり、政治や行政、そしてまた経済をそれなりにリードしていたごくわずかなエリートたちはさておき、ほとんどの人たちにとって、その暮らしは、細かく分かれて専門化もしくは断片化された広大な社会的分業の体系のなかで営まれていたわけではない。そうではなく、じっさいには、「生産と共同」の体系が内部化されていた村落（ムラ）や町内（チョウナイ）、もしくは、せいぜいのところ、郷土（クニ）において営まれていたといえよう。

あるいは、ポーンと飛んで、民族的・文化的にもかなりのところまで均質であるがゆえに国家と一体化しやすかったこともあって、人々は、その意識のなかでは、一九〇四年の日露戦争をきっかけとしてイメージ化されてきた「一国共同体」としての「日本」において暮らしていたのかもしれない。そこには、社会の生成が、したがって個人の生成がまだまだ未熟であったがゆえに、人々が国家へといともたやすく統合されていったという、まさに「近代」日本ならではの事情も与っている。

こうしたことからすると、「社会」という訳語はともあれ、実体としての社会がまだできあがっていなかった封建の世について、それを封建「社会」とか幕藩「社会」、あるいは前近代「社会」と表してしまう言い方にたいしては、ちょっと、まごついてしまわざるをえない。そうした言い方はとても便利だし、わたしたちの頭にもスーッと入ってきやすいものがある。しかし、そうした使い方をするにしても、それは、近代になって実体としての社会ができあがってきてから、その「社会」というコトバだけを便宜として付け足した、まさにアトヅケとして使われてきたものであることを忘れてはなるまい。社会は、近代になってから初めて、まさに近代社会とともにできあがってきたのである。もちろん、個人についても、まったく同じである。

ところで、敗戦から一九六〇年ころまでの日本において、たくさんの人たちは、町内、とくに村落のなかに内部化されてきた「生産と共同」の体系が村落から外部化されていくその切り替わりのなかに生きていた。そこで人々は、互いが相反しながらも補いあわなくてはならない二つの体系のはざまにありながら、それらのあいだで、いわば「また裂き」の日々を生きざるをえなかった。一方の体系は、人々に町内や村落という集団の「成員」としての言動や規範を迫ってくることになり、他方は、そこから自立した一人の「個人」としての言動や規範を迫ってこざるをえない。村落から都市へと移っていった多くの人たちは、仕事のためか学業のためかにかかわらず、心のどこかで、やっと、そうした「また裂き」から逃れられると思っていたところがあったのかもしれない。これらのことについては、すでに、先の二章において記しておいたとおりである。

その後のけたたましいほどの高度成長とともに、とりわけ村落や町内、そして「第二のムラ」としての企業（カイシャ）、さらには家族といった共同体もしくは共同集団からの「生産と共同」の体系の外部化がかなりのところまですすんでくると、人々は、これまでつなぎとめられてきた「生産と共同」の体系が内部化されてきた単位集団から分離したり浮上したり、そして、自立したりせざるをえなくなる。あわせて、かなりマクロにみるならば、人々は、日々の労働や消費の営みをとおして、市場のネットワークと公的サービスのネットワークの一員、いいかえると、社会的な分業の広大なネットワークをじかに担う一員になるとともに、そのネットワークと直に対峙することになってくる。それとともに、社会が社会として生成してきて、なおかつ、この社会を社会として経験したり感知したりする個人が生成してくる。

こうした人たちは、みずからがなにがしがの社会を力づくで主体的に切り拓く担い手として這い上がってくる個人というよりは、「生産と共同」の体系が長いこと内部化されてきた共同体や共同集団のなかからその体系が広大な社会的分業の体系へと外部化されてくるなかから、どちらかというと否応なく、いわば、いつのまにか「浮上してくる個人」とでもいえそうなところがある。ここには、ごく当たり前のことではあるが、近代の先進ヨーロッパにおける個人と、ここ日本の近代における個人とのちがいとともに、個人という現実の、時と所による相対性をみてとることができよう。

個人と社会的相互行為

人々にとって、みてきたような「生産と共同」の外部化体系としての社会的な分業体系は、それがグローバルレベルまでの広がりをもっていることもあって、日々の暮らしからは遠くにある、もしくは疎遠で巨大な体系として経験されたり感知されたりしかしようがない。それは、人々の日々の暮らしにとっては、とりわけフツーに過ぎていく日常にあっては、ニュースや活字や映像をとおして目にするところの、いわば仮想体としての「社会」の大海のようなものとしてしか現れようがない。

ところで、今日、人々は、その日々の繰りかえしというミクロなレベルで捉えるならば、多くは、たった一人で、いわば丸裸のままでそうした巨大体系の大海を泳ぎ回っているわけではない。そしてまた、その大海はあまりにも広く大きすぎるがゆえに、多くの人たちにとっては、それぞれの具体的な、人と人との生身の社会的相互行為の場としては現れてきにくいものがある。

よって、人と人との相互行為の場は、じっさいには、あくまでも個々人がその度に、広大な社会的分業の体系のなかのいずれかを分かちもっているなにがしかの組織もしくは集団、そしてネットワークや個人などにコミットする場へと限られてこざるをえない。しかも、その相互行為は、それぞれの生産や労働、そして消費という営みをとおして、たとえ結果としてではあっても、細かく専門化もしくは断片化された体系を支えるなにがしかの役割を担っている人と人とのあいだで取り結ばれるようになってくる。たとえば、職場においては、それぞれの業務や職位がついてまわることになるし、消費においては、客やユーザーなどとしてふるまうことになる。よってそれは、あくまでも、そのようにしようとさえしなければ、それぞれの個人と個人とのあいだの人格的な関係というよりは、どちらかというと、あるどこかの部分に傾いた、もしくは区分化されたなにがしかの役割と役割との関係を土台にしたものになりがちだといってよいかもしれない。

ともあれ、役割と役割とのあいだのそうした相互行為のなかに、人々がどこまで人格的なニュアンスを溶けこませるかどうか。これについては、それぞれが互いに置かれた状況のほか、それぞれの互いの意志や裁量によるところが大きくなる。しかし、たとえそうだとしても、社会的分業の広大な体系のもとで営まれるそうした人と人との相互行為の土台にあるのは、今日にあっては、やはり、なにがしかの役割と役割との関係になりがちであることに変わりはない。

しかも、今日の広大な社会的分業の体系そのものが、あたかも気まぐれであるかのように流動化して浮遊化しているがゆえに、労働や消費（労働力再生産）という営みのなかで人々が取り結んでいる日々の相互行為やその内容についても、いつもどこか揺れていて、しかも、つねに移ろいがちなものとならざるをえない。そこでは、人々の相互行為が、かつてのようにどちらかというとなにがしかの所属集団において持続的に結ばれているというよりは、その都度にその必要に応じて、一時的もしくは断片的に結ばれるようなものになりがちである。じっさいに、ここ日本においても、たとえば職場や近隣や学校にしても、あるいはそのほかのさまざまな集まりやネットワークにしても、各人にとってのそこでの相互行為は、えてして、その暮らしのなかの一部でしかなく、かつ、ごく一時の交わりでしかない。やや長いスパンでみるならば、今や、近隣や職場はもちろんのこと、家族もまた、けっして、その例外ではなくなってきている。それは、グローバルレベルでの移動や職業の自由、また結婚の自由、そして表現の自由などが担保された今日にあっては、なおさらのことである。

こうして、ここ日本においても、一人一人は、そうした個人の世界を生きている。というよりは、そのような生き方を変えてみようとしないかぎりにおいては、そのような個人を生きざるをえないのかもしれない。ここに、古今東西、人々の暮らしにとって欠かせない「生産と共同」の体系が、なにがしかの単位集団に内部化されていた段階から、そこから外部化されたそれへと切り替ってきたなかで、その変化に応じた今日ならではの人と人との相互行為の世界が立ち上がってくることになる。

あるいは、すでに三章で記したように、地域はもちろんのこと、家族や職場からもはじき出された個人がものすごく増えつつあるここ日本においては、そもそも、人と人との、なんらかのフツーの相互行為そのものからはじき出されているケースもかなり多くなっている。たとえば、二〇一〇年に流行語大賞となった「無縁社会」という造語が、そのことをよく示している。共同体もしくは共同集団から外部化された「生産と共同」の体系は、なにがしかの役割やカネや国籍というパスポートを介した広大な社会的分業の体系でもある。そのかぎりにおいて、こうしたパスポートをあまりもっていない人たちにとっては、そうした外部化＝分業の体系から、ひいては、社会そのものからはじき出されたり排除されたりしがちとなってくる。

こうして、人々は、巨大きわまりないグローバルな分業体系の海のなかに浮かぶ、それぞれに分かたれた、ある限られた時空における生活圏を生きるようになる。その相互行為の場が、たとえ、国内はおろか国外にまで広がっている「グローバルノマド」といった人たちにとってさえも、それぞれの人たちがそれぞれの生活圏を生きるという点においては、大なり小なり、他のケースと同じようなことかもしれない。つまり、人々の日々の暮らしが繰りかえされる日常の舞台は、巨大きわまりない社会的な分業体系のなかから切りとられてくる、ある限られた時空における、大げさに言えば「一期一会」のような人と人との目に見える協同や協力、そして共有や共助や共感という現実だということになる。

それは、それぞれの個人によって切りとられた、それぞれの個人が生きている、そして目に見えて手に触れることができて感じとることができる、まさしく具象的な「社会」といってよいかもしれない。それが、それぞれの個人によって切りとられた、それぞれの個人にとっての「生きられた世界」（シュッツ）へとつながっていく。そこでの労働や消費という営みは、たとえばジンメルやミードの「相互作用」のほか、「演技」（ゴフマン）や「会話」（ガーフィンケル）などが繰りかえされる「日常世界」（ガーフィンケル）でもある。そして、今日、そうしたミクロなレベルにおける人と人との相互行為の壮大な反復をとおして、先の巨大な「生産と共同」の体系としての社会的な分業の体系そのものが成り立っている。

そして、そこでの人と人との相互行為は、すでにみたように、かなりマクロにみるならば、そして、広大な社会的分業のネットワークを土台にしている「生産と共同」の体系のあらたな総体としての社会を所与とするならば、そのなかのある部分に特化されたなにがしかの役割と役割との関係を主としたものになりがちである。そのかぎりにおいて、その相互行為の内容は、いわばまったくのビジネスライクなものからはじまって、人格的な交わりにいたるまでの大きな幅がある。しかし、今日、わたしたちのじっさいの暮らしにおいては、なにがしかの人格的な衣をまとってこそ、その役割と役割との相互行為それじたいがスムースに流れていくこともたしかである。かといって、それは、かならずしもほめられたことばかりではない。昨今の対人サービスの場で迫られてしまうような、いわゆる「感情労働」は、いわばその負の一面だということになるかもしれない。

個人に求められてくる「能力」

よって、今日、人々は、「生産と共同」の体系が内部化された共同体もしくは共同集団において暮らしていたころとはちがって、まったくの一人一人の個人として、その時々の状況に合わせながら、その相互行為の内容とその幅をしたたかに選びとって、みずから調律しなくてはならなくなっている。そして、人々には、そのための感性や能力や力量や素養も求められるようになっている。たとえ、本人がそのように意識しなかったとしても、結果としてそうならざるをえない。本田由紀子の言う「ハイパー・メリトクラシ〜」社会がそれである（『多元化する「能力」と日本社会』二〇〇五年）。それは、ここ日本においては、「生産と共同」の体系が内部化されてきた単位集団からその体系が外部化されてくるようになる、つい先ごろからのことだといえよう。

こうして、「生産と共同」の体系を内部化させていたかつての単位集団にあっては、そこでの成員たちにたいして、その内部化された体系もしくは単位集団そのものを保守するための能力や力量や感性こそが求められてきたことから比べると、まさに、状況は一変しているといわざるをえない。これからも、この動きはますます大きくなっていくことであろう。そしてそれは、人々にとって、職場や仕事のほかでの暮らしについても、そのまま当てはまる動きであることは言うまでもない。こうしたことをふまえれば、昨今の日本において、あらためて、技法としての「生きる力」や「人間力」が云々されてくるのも、まったく分からないことではない。

さらに、共同体もしくは共同集団からの「生産と共同」の体系の外部化がすすんでくると、すでに記したように、それまでの村落や家族や職場といった、人々にとって基本となる集団のまとまりが衰えたり失われたりするようになってくる。それを言いかえると、人々は、内部化された「生産と共同」の体系を支えていた人と人との目に見える直の協力や協同、また、共助や共有や共感という関係のなかに身を置かなくても、なんとか暮らしていけるようになってくる、ということでもある。さらには、人々にとって、内部化された「生産と共同」の体系のなかで生きていくためには欠かせなかった身体にかかわる能力もしくは心的な性格も、かならずしもなくても困らなかったり、いらなくなったりするようになる。そのひとつとして、たとえば、力仕事や技仕事をこなすためのカンやコツや手触りといった属人的な知や情報や感性、そして体力や忍耐力、また、人と人との「和」や「結」をなによりも重んじなくてはならないことから派生するさまざまな性格や感性などをあげることができるかもしれない。

ひるがえって、今では、そのかわりに、それぞれの仕事にかかわる専門的な知や情報はもちろんのこと、たとえば、会話をはじめとしたコミュニケーション能力や自己発信力、また、企画やプレゼンなどの能力、実行力やリーダー力といった、広くは「人間」や「個性」にもかかわるような能力や力量が重んじられるようになってきている。こうして、すでに記したように、「生産と共同」の体系が内部化されてきた単位からの、その体系の広大な社会的分業の体系への外部化への切り替わりとともに、人々に求められてくる知や情報のあり方、そしてまた、表出や表象などのあり方もまた、大きく変わってくることになるのである。

それらは、人々がこれまでもってきた、生きていくためにはなんらかの共同体もしくは共同集団に帰属せざるをえない、という意識が小さくなっていくことにもつながる。しかし、こうした集団から切り離されて、とても自由だけれどもバラバラな個人として生きざるをえなくなってくると、暮らしのあらゆることについて、ほとんど一人の個人として対処しなくてはならなくなる。

そうすると、生死にかかわることではないにもかかわらず、もう一度そうした、かつてのような共同集団に帰属したい、と願う人たちが増えてくるということも、大いにありえることである。人々は、今日、時として、日々の暮らしのなかで、不安や寂しさ、孤独や空虚を感じたりしがちにもなってくるのである。ましてや、すでにみたように、二〇〇〇年あたりから、近隣はもちろんのこと、職場や家族からもはじき出されてしまい、しかも「自己責任」を押しつけられる新自由主義の嵐のなかで丸裸になっている人たちが多くなっているここ日本においては、この「帰属」への希求には、ことさらに大きなものがあるのかもしれない。

こうしてみると、ここ日本において、人々の意識という面からみたとき、企業（カイシャ）が「第二のムラ」として多くの人たちに受け入れられてきたのも、また、いろいろな集団におけるなんとはなしの同調圧力や過剰同調、また、「クウキ」や「ＫＹ（クウキヨメナイ）」といったキーワードで示されるような昨今の状況も、人々がどこかでそれとなく感じているそうした帰属志向に根ざしているところがあるのかもしれない。

また、ここ日本において、一九九〇年代に入ったころから、とくに若い人たちのあいだに、「自分さがし」や「居場所さがし」、あるいは「つながり」といったキーワードで示されるような世相が広がってくるのも、人々のこうした帰属志向と響きあうところがあるからなのかもしれない。たとえ、共同体もしくは共同集団からの「生産と共同」の体系の外部化がいくらすすんだとしても、人々の内面には、「生産と共同」の体系を内部化させてきたときからの知や情報の体系、もしくはその表出や表象の体系が払拭されきらないまま、それぞれの意識や心理の底に、いわば澱のようなかたちで残りつづけているのかもしれない。

それは、ほかの国や社会においてではない、まさしくここ日本における社会や個人、とりわけ個人の生成のあり方とその特徴は何なのだろうか、という相対的な論点を内包しているのではないだろうか。これについては、このあとで、すぐに触れることにする。

ともあれ、こうして、ここ日本においても、とくに一九六〇年代になってくると、都市化の深まりのなかにいわゆる「解体（モデル）」を見出したアメリカのシカゴ学派のほか、「自由からの逃走」や「疎外」を唱えたエリッヒフロム、そして、「一次元的人間」を唱えたアドルノをはじめとするドイツのフランクフルト学派の学者たちがテーマ化した個人（＝孤人）の状況が広がってくるのである。じっさいに、そのような本がよく読まれたのも、ここ日本においては、六〇年代からのことである。

三　日本における社会と個人の生成とその相対性

追いかける「近代」のもつ利点

世界には、日本のほかにもさまざまな国があり、また、地域がある。今日では、社会的な分業体系がグローバルレベルにまで広がっており、世界のいたるところにまで市場と資本のネットワークがいきわたっている。そうしたなかで、長いこと「生産と共同」の体系が内部化されてきた共同体や共同集団がその体系を外部化させてきているという動きは、すでにかなり前から、どの国や地域にもみられることである。ただ、その内部化されてきた「生産と共同」の体系の中身や単位集団はもちろんのこと、それが外部化されてきた時期、そしてその広がりや深さ、また、その外部化の先にある市場ネットワークや公的ネットワークの内容やその特徴などについては、言うまでもなく、時と所によって千差万別である。

よって、それぞれの国、また、それぞれの地域において、今日における「生産と共同」の体系のじっさいの具現体は、いろいろである。それは、それぞれの国や地域がたどってきた歴史、そして風土や文化、さらには産業や政治などの条件がまちまちだからである。今日、それぞれの国や地域における「生産と共同」の体系は、一方ではそうした多様さを保ちながらも、他方で、もっと巨大なグローバルレベルにおいては、かなり均質ともいえる「生産と共同」

の体系のなかに、がっちりと組みこまれてもいる。

さて、前節まで、日本における社会と個人の生成についてみてきた。しかしそれは、あくまでも、ここ日本でのことである。つまり、それぞれの単位集団とのかかわりで、「生産と共同」の体系の内部化と、そこからの外部化と分業化のプロセスに注目しながら社会の生成について捉えかえしてみる視点に立ったとしても、ここ日本における社会の生成は、世界的な広がりのなかでみるならば、それは、あくまでも相対的なものでしかない。そして、個人とその生成についても、まったく同じことである。

それでは、ここ日本における社会と個人の生成は、それを世界的な広がりのもとにおいてみたとき、そこにどのような相対的な特徴をみてとることができるのだろうか。ほんのわずかではあるが、つぎに、これについて記しておくことにする。

その大きなものとして、なによりも、日本の近代化が、ヨーロッパに比べると、ゆうに一〇〇から一五〇年ほどは遅れて始まった、ということをあげられる。ちなみに、フランスのデュルケムは、その『自殺論』(一八九七年)において、そのころのヨーロッパを対象にして、すでにそこでは、かつての宗教集団や伝統家族や職業団体がもっていた「統合」が弱くなっていること、そして、他方でまた、そうしてできあがってきた「自己本位」的で「アノミー」的な社会を「統合」し、そこから社会を再組織していくためのあたらしい「道徳的規範」は何か、というテーマを立てていたのである。ここ日本について似たようなことが言えるのは、それよりも一〇〇年ちかくたってからのことになる。

このように、近代化がかなり遅れたということからは、ここ日本においては、「生産と共同」の体系が長らく内部化されてきた地域圏から、そしてつぎには村落や町内や家族という共同体もしくは共同集団から、その体系が外部化されていく先にあたる市場ネットワークと公的ネットワークの中身については、明治になって近代化がスタートしたその時に、そうしようとさえするならば、すでにヨーロッパの先進国が創り出していた枠組みを、効果的に、そして、日本の条件に合わせた柔軟なかたちで移入しうる好位置にあったという利点を取り出すことができる。そして、じっさい、大枠においては、日本はそのような道を歩んだのである。

しかも、そのとき、幕末から明治にかけて、日本がイギリスやフランスをはじめとする列強ヨーロッパの植民地になることなく、とにもかくにも自立した独立国家のままで、いわゆる「近代」の移入をすすめることができた、という利点もあげておかなくてはなるまい。それは、世界史的にみたときに、一九世紀という帝国主義・植民地主義の時代にあっては、ここ日本にとって、とりわけラッキーなことであったといわざるをえない。それは、植民地にならざるをえなかった、同じころの他のアジアやアフリカの国々と比べてみれば、すぐにでも分かることである。

ところで、戦後しばらくまで植民地から抜け出すことができなかった第三世界の国々にあっては、「生産と共同」の体系が中広域の地域圏や村落のなかにかなりのところまで内部化されたままのかたちで、共同体もしくは共同集団が丸ごと、そして直に、グローバルレベルでの「生産と共同」の体系のなかに組みこまれてしまっているところも多い。

そうした国々では、「生産と共同」の体系が内部化された共同体もしくは共同集団から、その体系が外部化されていくときに派生する利潤のチャンスは、国内資本ではなく、ややもすると、グローバル資本によって握られがちになる。そこでは、一国レベルでの近代的で民主的な資本や政府のあり方がなかなか育ってこないままに、グローバルレベルでの資本や権力によって、国が丸ごと取り残されていくことにもなりやすい。そこでは、国や地域が、丸ごとグローバルレベルで支配されていくのである。そして、国内の共同体もしくは共同集団は、いつまでたっても、前近代的な性格がぬぐえないままになってしまう。

そうした状況から脱して、グローバルレベルでの「生産と共同」の体系にコミットしうるのは、そうした国々においては、ごくわずかの限られた先進特区であったり、あるいは、そこに暮らすごくわずかな上層の人たちであったりすることが多い。そこには、えてして、大きな利権や特権がからまりあっていたり、あるいは、そのほかのたくさんの貧しい人たちとの格差が大きく開いていたりする。

よって、そこでの人々は、「生産と共同」の体系が内部化された単位集団から離れたり自立したりする先として、国内レベルからポーンと飛んで、いきなり国外へと脱け出て行くことにもなりがちとなる。それは、とくに留学をきっかけとした、いわゆる「グローバルノマド」と言われている人たちのほかにも、いわゆる「下層ノマド」としての移民といった人たちであることも多い。あるいは、どうにか大都市に移り住んだとしても、一国レベルでの市場と公的サービスのネットワークの足元がまだまだおぼつかないがゆえに、人々は、ただ、閉ざされたスラムのなかにとどまるしかなくなりがちとなる。

そうしたことからすると、江戸から明治にかけて列強の植民地になることを免れたここ近代日本にあっては、あとは、その「生産と共同」の体系の外部化を受け止める市場のネットワークと公的なネットワークの形成のプロセスを、まさに国内レベルにおいて、いかに速やかにおしすすめるのかという手法と条件を整えることに力を注げばよかったということになる。

その大きな推進力になったのは、資金という面からすると、なんといっても、地租改正にもとづく地主制であったといってよい。そのほかにも、いろいろな使節団の海外派遣のほか、多くの分野にわたる留学生の送り出しと先進の学問や技術のひたむきなまでの取り入れ、そして、たくさんの外国人の技師や学者の招き入れといった、ヨーロッパの法律や技術や制度の移入や参照の動きをあげることができよう。ただ、これらとて、明治期におけるそのほんの一例にすぎない。しかも、中身こそいろいろちがってくるにせよ、大正や昭和、そして戦後にあっても、ここ日本においては、さまざまな技術や制度の先進国からの移入ということでは、つまりは「近代」の移入ということでは、明治のそれとほぼ似たような道を歩んできたといってよかろう。

ところで、ここ日本においても、すでに江戸期の後半において、コメのほかにも、生糸や綿や油や俵物など、各藩のレベルをはるかに超えたかなりの広域にわたって、商品作物を扱う新興商人のような人たちがいなかったわけではない。しかし、その彼らとて、やはり幕府を後ろ盾とする特権商人であることがほとんどであった。江戸はもちろんのこと、各藩においても、商人をはじめとする商工業者たちは城下町に集められて、権力の支配のもと、その傘下にあったのである。そこからは、幕府権力に抗ったり、それを否定したりするような自立的な経済主体は、なかなか生まれにくかったといえよう。

それは、言いかえると、ここ日本においては、内部化された「生産と共同」の体系の単位集団のなかから、その体系そのものの外部化の先となる市場ネットワークを切り拓く担い手として這い上がってきた西洋ブルジョアジーのような「個人」を内出することは、なかなか容易ではなかったということになる。それは、とりわけ村落や町内という単位集団に内部化された「生産と共同」の体系とそれを保守してきた幕藩権力そのものが、あまりに堅固すぎたということなのかもしれない。

よって、江戸期の後半に台頭してくる右にみたような新興商人たちは、封建支配に対抗しながら自由な経済活動の場をこじ開けつつ、そこから自由な市場を力づくによって切り拓いていくという、一八から一九世紀ヨーロッパにおけるブルジョアジーのような役割を果たしたかというと、けっしてそうではない。また、明治からの産業資本の担い手のほとんどは、とくに政府やその要人との結びつきをきっかけとして、とりわけ官需や軍需のほか、官営工場払下げの引き受け手となっていったいわゆる政商・財閥であり、これもまた、ここ日本ならではの初期資本主義の担い手のひとつのあり方であったといってもよかろう。それについては、けっしてすべてではないにしても、今もなお、それに似たようなことがないではない。

よって、ここ日本における明治大正期にあっては、先進ヨーロッパが長い時間をかけて経験してきたような、資本主義的生産様式というあたらしい経済や社会の仕組みをほとんどゼロからつくりださなければならなかった生みの苦しみを、かなりのところまでは省くことができたといえよう。それは、同じ道を、かなり遅れて歩もうとするときの後進国ならではの利点が大きかったということでもある。

こうして、明治から戦前までの日本においては、「富国強兵」と「殖産興業」のスローガンのもとで、まずは国家と資本の枠組みが整えられる動きが先行し、そのあとで、その動きと並行したりそれを促したりしながら、すでに二章でみたような地域圏の互いの外部化の動きが本格化していったといえる。まずは、前者の動きが政府によって「上から」もたらされたのが、ここ日本における「近代」の始まりであったといえよう。そしてまた、富岡製糸所や八幡製鉄所などをみれば分かるように、そうした「上から」の近代化はまた、そのころの日本にとっては、選ぼうにも選びようがない、半ばそうするしかなかったような、避けられない道のりであったともいえよう。

よって、ここ日本においては、地域圏のあいだの互いの外部化の延長にできあがってくるところの、先に記したような「生まれたての社会」としての「地域圏外部化社会」もまた、どちらかというと、「上から」リードされてきた面が大きかったということになる。それは、先進ヨーロッパにおける社会の生成が、農村工業から成長してきたブルジョアジー勢力が前近代の「旧体制（アンシャンレジーム）」を覆すという、いわば「下から」の力によって切り拓かれてきたのに比べると、いささか逆の面が大きかったといえよう。ここ日本においては、井上清が『日本の歴史――上・中・下』（一九六二〜六六年）のなかで言うように、歴史上、民衆が変革の担い手として登場することは、なかなか難しいことだったのである。もちろんそれは、良し悪しにかかわらない、ひとつの現実であるのは言うまでもない。

近代ヨーロッパにおける「個人」と近代日本における「個人」

ところで、ヨーロッパの国々においては、一八から一九世紀にかけて、それまで人々を縛ってきた自然や呪術の力から自由になってくる流れのもとで、市民革命とともにアンシャンレジームを吹き飛ばすエネルギーとパワーを備える自立した経済主体としての個人（ブルジョアジー）が成長してくる。そしてこんどは、その個人が、あたらしく伸長してきた市場を、資本（主義）のもとでのそれとして編成していくことになる。ヨーロッパにおいては、それまでの特権商人たちとはまったくちがった経済主体として、言いかえると、資本家へと育っていくパイオニアとして自立を志向する「市民」（ブルジョアジー）としての個人が、まずは生成されてきたといってよい。その史的なルーツを描いているのが、ウェーバーの、あの『プロテスタンティズムの倫理と資本主義の精神』である。

そして思想的には、あの自然権を唱えたヨーロッパの啓蒙思想が、そのような「個人」や、そうした「個人」たちによってかたちづくられる「社会」のイメージを、かなりのところまで用意したのである。のみならず、それは現に、また、「旧体制」がもっていた「鎖」（ルソー）がかなり堅固であったがゆえにすんなりとはいかなかったものの、革命というかたちで、そうした「社会」を手に入れるための、じっさいのテコにもなったのである。それはまた、科学というよりは、たとえイデオロギーまがいのところがあったとしても、革命後もしばらくのうちは、人々のあいだに、そうした「個人なるもの」や「社会なるもの」を広めて支持させていくという、現実のうえでの大きな力にもなったのである。

さらにまた、啓蒙思想によって広められた近代価値――自由・平等・所有・信頼・公平・公正など――は、「旧体制」を葬り去ったのみならず、じじつ、「外部化＝社会的分業」の体系を土台にした近代資本主義社会の存立を担保する役割を果たすことにもなったのである。

なぜならば、広大な社会的分業の体系のもとで、互いの「外部化」による分業体系のなかの一員として生きることは、みずからの、もしくは自分たちの手元にあった生存や生活のためのなにがしかの条件や資源を、いったん、みずからの外へと手放すことにほかならない。それは、それぞれの経済主体にとっては、かなりのリスクとなる。よって、社会的な分業の体系が成り立つためには、そのリスク回避が、制度としても道徳（文化）としても、ちゃんと担保されていなくてはならない。そしてそれは、近代になってからの人々にとって、どうしても欠かすことができない大前提である。よって、右に記したような近代価値は、なんとしてでも順守されなくてはならないものであり、それを土台にしてこそ、近代的な諸制度そのものが打ち立てられるということになる。

こうして、先進ヨーロッパにあっては、個人は、ここ日本でのように、「生産と共同」の体系が内部化された共同体もしくは共同集団からその体系がやや強引に外部化されてくるプロセスのなかから浮上してくる、というものではない。そうではなくて、それは、「生産と共同」の体系が内部化された共同体もしくは共同集団の内側から、その体系を、資本がリードする市場のネットワークへと外部化させていく主体的な担い手として這い上がってきたものであるということができよう。そして彼らこそが、「生産と共同」の体系が内部化されてきた共同体もしくは共同集団から、その体系が外部化されていくときのその外部化の先にある、それまでにはなかった、あらたな分業のシステムそのものを創り出していったパイオニアの人たちである。

このように、ヨーロッパにおける個人は、「生産と共同」の体系が内部化された共同体もしくは共同集団の内側からその体系を外部化させていく担い手として登場してくるとともに、こんどは、その外部化された体系そのものをかたちづくっていくところの、資本が主導する市場ネットワークそのものをもかたちづくっていく、まさに二重の史的主体として生成してくるのである。

スミスの「ホモエコノミクス」はもちろんのこと、サンシモンやコントやスペンサーの「産業者」、そしてウェーバーの「資本主義のエートス」などをはじめとして、とくに社会科学においては、右に記したようなかたちで「社会」を形成したり再組織したりしていく主体的な担い手として、「個人」が語られてきたのである。そして、人々もまた、そうした「個人」や「社会」のあり方を支持してきたのである。つまるところ、先進ヨーロッパには、そうしたことを可能にさせた歴史的・文化的・精神的な土壌が育まれていたということになる。

そこには、牧畜と小麦を主とするヨーロッパの農業が村落に及ぼしてくるところの、水利が欠かせない水稲を主とするアジアの農業に比べたときのその内部統合度の相対的な低さと、それが個人の生成にとってもつ相対的な優位性とが、なにがしかかかわっているのかもしれない。さらには、近代資本主義社会の生い立ちの主体的な条件を明らかにしようとしたウェーバーが言ったように、「資本主義の精神」と共振する北部ヨーロッパにおける「プロテスタンティズムの倫理」が、かなりのところまで幸いしたといえるのかもしれない。

そこには、「生産と共同」の体系が内部化されてきた単位集団のなかから、その体系が外部化＝分業化されていく先にある近代資本主義社会の生成をけん引していくエネルギーをもったパイオニアとしての個人（ブルジョアジー）が立ち現われてくるときの、先進ヨーロッパならではの歴史的な個性をみてとることができよう。

ひるがえって、ここ日本においては、そうした自立した個人の生成が、社会の生成に先行したとはいいにくい。むしろ、すでに記したように、どちらかというと「上からの」近代社会の生成がまずもって先行して、それから、それを追いかけるようなかたちで個人が生成してくるといったほうが当たっている。せいぜいのところ、この個人と社会の二つの生成が互いにからまりあいながらすすんだというのが、かなりのところまで、実状に合うのではないだろうか。もちろん、それは、良し悪しにかかわらない、ひとつの現実である。

ところで、ここ日本にあっては、戦後になってから、今もなお、個人の「自立」が云々されつづけている。そこには、個人と社会の成り立ちにみられる、右のような、日本ならではの事情が与っているからなのかもしれない。そしてまた、すでに記したような、「クウキ」や「ＫＹ」、また、「自分さがし」や「居場所さがし」や「忖度（そんたく)」などといったキーワードで示されるような昨今の状況についても、やはり、同じような文脈のなかにあるのかもしれない。

このようにみてくると、個人と社会の成り立ちのいずれが先行するかはさておき、「生産と共同」の体系が内部化されてきた共同体もしくは共同集団のなかから、その体系が市場と公的サービスのネットワークへと外部化されていくというプロセスが、どこにでもみられる近代資本主義の生成の社会的な土台であり、そして、これがまた、社会や個人の生成にとっての大切なカギとなっていることが分かる。

しかも、この土台の上にこそ、社会や個人、そしてまた「個人と社会」のあり方の世界相対的な諸類型が成り立っているとみなすことができる。そして、それぞれの類型は、さまざまな現実を捉えようとするときの、ひとつのモノサシ(理念型)であることは言うまでもない。つまり、社会や個人の生成のあり方、また「個人と社会」のあり方については、じっさいには、いろいろにミックスしたかたちで現れてくるのである。これについては、あとで、終章においても、少しだけ記すことにしたい。

ともあれ、これまでみてきたような、ここ日本における社会や個人の生成、そしてまた「個人と社会」のあり方については、あくまでも、その世界相対性を所与としたところでの、まさにひとつの類型であるにすぎない。もちろん、ヨーロッパにおける、あるいは、第三世界における社会や個人、そしてまた「個人と社会」のあり方についても、まったく同じことである。

五章　「人間外部化社会」と「危うい個人」

――高度消費社会における社会と個人――

一　消費の高度化と「わたし消費」

あたらしいサービス産業と「わたし消費」

ここ日本では、一九八〇年代からこのかた、さまざまなサービス産業が頭をもたげてくる。美容や健康のほかにも、家事や子育てや学習、趣味や余暇、そして介護や福祉といった人々の暮らしにかかわるすべての分野で、対人向けのサービス産業が広がってくる。そして、その広がりの速さには、目を見張るものがある。

さらに、九〇年代になると、それまでにはあまり見られなかったような対人向けのあたらしいサービスが出回るようになる。たとえば、自分を魅せるハイセンスなファッションやブランドを扱うショップは、そのハシリであったといってよいかもしれない。

そのほかにも、エステティックサロンやリフレクソロジー、そしてネイルサロンやプチ整形など、ルックスも含めたいわゆる「カラダビジネス」が広がってくる。また、フィットネスクラブやダンススタジオやヨガスタジオのほか、語学スクールやカルチャーセンターやクッキングスタジオといった、たとえば料理やエクササイズといったもともとの目的のほかにも、そこで友人や知人を広げるきっかけともなる「集まりの消費ビジネス」も、かなり盛んになってくる。そのなかには、男と女が互いに結婚もしくは恋愛のパートナーを求めようとする、いわゆる「街コン（婚）」や「コンカツ（婚活）」などの「出会いの消費ビジネス」も含まれるであろう。

さらには、ライブやミュージカルやコンサートといった「感動共有ビジネス」、そして、野球やサッカーやバスケットボールといったプロスポーツの観戦を主とする、いわば「一体感ビジネス」なども賑わっている。あるいは、いわゆる「団体さん」に代わって「個人向け」がその大半を占めるようになったといわれているが、国内や海外などの観光や旅行もまた、そのなかに含めてよいだろう。

そのほかにも、占いやヒーリングや心霊ビジネスといったスピリチュアルマーケットも広がってきている。さらには、とくに若い女性たちが「商品」となりがちなゆえにややキワドイところもあるが、さまざまな性的サービスのほか、SNSを介した「人間レンタルビジネス」――レンタルフレンド・おっさんレンタル・パパ活・レンタル彼女――なども広がってきているという。ほかにも、たとえば、おしゃれなフンイキやグルメが目玉となっている高級なレストランやカフェやクラブやバーといった飲食サービスなども、これらのあたらしいサービス産業のなかに含めてよいかもしれない。

これらのあたらしい対人サービス業を、とりあえずその欲求充足ごとに大まかに分類してみると、つぎの**表1**のようになる。そして、これらのサービス業が広がってきたのは、すでに記したように、おおよそのところ、一九九〇年あたりからのことである。それは、たとえば、政府が出している『特定サービス産業実態調査報告書』のなかに、「フィットネスクラブ編」や「カルチャーセンター編」や「外国語会話教室編」や「エステティック業編」などが加わるのが、それぞれ、一九八九年、一九九三年、一九九七年、二〇〇二年であることからもみてとれよう。

さて、これらのあたらしいタイプの対人ビジネスは、たとえば食品や日用品といったような、生存や生活に欠かせないなにがしかの物的な欲求にまつわる有用価値であるモノを扱っているわけではない。よって、たとえこれらの商

表1　あたらしいタイプの対人サービス業のあらまし

分類	例	関連職業
オシャレビジネス	各種ファッション　各種ブランド	服飾デザイナー ファッションモデル　写真家
フンイキビジネス	レストラン　カフェ　シティホテル	調理人　ソムリエ バーテンダー
観光・旅行ビジネス	旅行代理店　ホテル　飲食 旅行雑誌	旅行プランナー　旅行記者 ツアーコンダクター
カラダビジネス	エステティックサロン　整体サロン リフレクソロジー　ネイルサロン プチ整形　日焼けサロン　岩盤浴	エスティティシャン アロマセラピスト　ネイリスト リフレクソロジスト
感動共有ビジネス	コンサート　ライブハウス ミュージカル　テーマパーク	音楽家　演出家　俳優 舞踏家　プロデューサー
一体感ビジネス	プロ野球　プロサッカー（Jリーグ） プロバスケットボール（Bリーグ）	職業スポーツ家 スポーツ解説者
集まりのビジネス	フィットネスクラブ　語学スクール ダンススタジオ　婚活ビジネス クッキングスタジオ	語学インストラクター フィットネスインストラクター 料理研究家
ヒーリングビジネス	ヒーリングサロン スピリッチュアルコンベンション セラピービジネス　酸素バー	——
人間レンタルビジネス（*風俗産業は除く）	レンタルフレンド　おっさんレンタル パパ活　レンタル彼女　レンタル彼氏	——

*職業については、それぞれ、直接かかわるものだけであり、間接にかかわるものについては除く。

品がなくたって、人々は、それはそれで生きていけないわけではない。そうではなくて、これらの商品は、ルックスやファッション、身体もしくはカラダ、性やセクシャリティ、感動や一体感の共有、自己への投資、そして他の人たちとの交流や出会いといったように、自己の内面、いいかえると「自分らしさ」もしくは「わたしらしさ」にまつわるサービスを扱っているといえよう。そして、表に示しているのは、職業を含めて、そのほんの一例にすぎない。

これらの商品には、J・ボードリヤール（『消費社会の神話と構造』一九七〇年／原著）が言ったような「差異」、言いかえると、「わたしらしさ」を表わそうとする「意味」が備わっていて、人々は、まさに、そのいわば内面価値を充足させるものとしてこれらの消費を営んでいる。

さらに、これらのあたらしいタイプの商品には、「わたしらしさ」といった、一人一人のいわば「個性」を表わそうとする類のもののほかにも、表中にもみてとれるように、他の人たちとの「つながり」や「一体感」を求めようとするものも含まれている。今日、人々は、市場のネットワークのなかから、紙や白銅からできているカネによって、「わたしらしさ」のほかにも、商品や消費が取りもつ人と人との「同調」や「一体感」、あるいは「想像上のコミュニティ」をも買うことができるのである（J・クラマー『都市と消費の社会学――現代都市・日本』（橋本和孝・堀田泉・高橋英博・善本裕子訳）二〇〇一年、高橋英博『都市と消費社会との出会い』二〇〇七年）。

こうしてみてくると、これらのあたらしいタイプのサービス商品は、大きくみると、人々の内面の表出にかかわる、いわば「わたし消費」（高橋英博『せんだい遊歩――街角から見る社会・学』二〇〇九年）とでもいえるような特徴をもっていることが分かる。そこでは、まさしく「自分」もしくは「わたし」が消費欲求の対象となっている。しかも、食品や日用品といったモノとはちがって、「欲望のフロンティア」はとめどなく広がるばかりであり、よってそれは、人々にとって「底なしの消費」にもなりがちとなる（佐伯啓思『「欲望」と資本主義』一九九三年）。

「わたし消費」と消費単位の個人化

こうして、今や、市場のネットワーク、言いかえると資本の利潤のターゲットが、まさに一人一人の人間がもっている欲望や欲求、そして自己表出やコミュニケーションのすみずみにまで、深く迫ってくるのである。それは、経済のソフト化という流れをかたちづくるものであるとともに、松原隆一郎（『消費資本主義のゆくえ』二〇〇〇年）によって「消費資本主義」と称されたり、あるいは佐伯（『同右』）によって、「欲望資本主義」と称されたりもする。

そしてそれは、先のクラマーがいみじくも気づいていたように、先進国のなかでも、とくに、ここ日本に目立っている傾向なのかもしれない。

　こうした特徴は、すでに三章で記したような大衆消費社会とはちがった、いわば高度消費社会の到来を示すものだとされている。それは、ここ日本においては、一九九〇年あたりからのことである。しかし、八〇年代には、すでにモノであっても、人々は、その品質はもちろんのこと、デザインや色などの「好み」を大切にして買い求めるようになっている。そうしたことからすると、この高度消費社会のハシリは、すでに八〇年代あたりに求められてよいのかもしれない。

　その背景には、六〇年代から始まった「消費革命」が一巡して、食品や日用品や家電といったモノの消費を主とするいわば「くらし消費」（高橋英博『同右』）がかなりのところまでいきわたってしまい、人々の欲求の対象が、物的なモノから内面的な価値へと相対的に移ってきたという動きがある。

　それとともに、もうひとつ、人々による消費という営みの単位が、かつての家族という集団から一人一人の個人へと縮小してくる、いわば消費単位の個人化とでもいえる動きがある。そこには、とくに若い女性の職場や社会への進出による購買力の上昇のほかにも、主婦や学生などによるパートやアルバイトからの収入の上昇などもかかわっていよう。かつての大衆消費社会のもとでの先の「くらし消費」の単位が主に核家族であったことから比べると、この二〇年あまりのうちに、消費単位の個人化が、ものすごい勢いで広がってきたことになる。

　それは、ややもすると家族消費からの走脱であり、家族という集団を所与としない消費の始まりでもある。それは、いわゆる消費の成熟ということのほかに、すでに三章でも記したように、昨今の日本において、家族という集団を作ろうとしない、もしくは作れない人たちが多くなっていることの、ひとつの反映でもあるだろう。こうした人たちは、そのバランスを取りつつも、先の「くらし消費」と「わたし消費」の二つとも、いずれにしても個人単位で営むことにならざるをえないからである。

こうして、とりわけ一九九〇年代からのここ日本における高度消費社会にあっては、とくに女性を主とした雇用者化をきっかけとして、一人一人の個人が、消費者としても、市場のネットワークと直結してくることになる。言いかえると、個人と市場のネットワークとが直結することによってこそ、「わたし消費」を含めた高度消費社会が成り立ってくるのである。このところ、とくに広告メディアやさまざまな雑誌によって、「自由」で「多様」で「わたしらしい」消費がそれとなく喧伝されてくるのも、もっともなことである。こうしてみてくると、高度消費社会は、先の「わたし消費」とあわせて、消費の個人化、つまるところ、なにがしかの集団を介さない、もしくは集団を所与としない消費というところに、その大きな特徴が求められてよいかもしれない。

高度消費社会と現代都市――「消費と集客の装置」としての都市――

さて、みてきたようなあたらしい対人向けのサービス産業がたくさん集まっているのは、いったい、どこであろうか。

たとえば県都といったような、地方における中心都市のなかにも、そうしたサービス産業をみてとれなくもない。しかし、それらがたくさん集まっているのは、ほとんどのケースにおいて、巨大都市もしくは大都市とその「まちなか」である。そこでは、対人向けのあたらしいサービス産業とそれにかかわる産業が、都市経済の大きな一角を占めるようになっている。そしてまた、そうした職場のなかで働いている人たちも、たくさん集まっている。

東京ではもっと早かったであろうが、その「まちなか」が見た目にも変わってきたのは、たとえば東北の一〇〇万都市であるここ仙台市についてみると、やはり一九九〇年を過ぎたあたりからということになる。そのころになると、オシャレなブランドショップやファッションショップが百貨店のなかから路面店へと張り出してくるとともに、それにつられるようにして、繁華街には、おしゃれなカフェや小物ショップ、そしてエステサロンやヘアサロンなどがあふれてくる。レストランはもちろん、居酒屋さえも、おしゃれな雰囲気をウリにするようになってくる。そのうえ、文化や芸術や賑わいなどをテーマとする大小さまざまな都市イベントが増えてきて、県外からもたくさんの人たちを引きつけるようになってくる。

同じような大都市のあいだで繰りひろげられる集客競争もあって、「まちなか」はますますオシャレになるとともに、その魅力を内外にまで発信するようになってくる。それもあって、ここ仙台市では、週末ともなれば、「まちなか」を歩く人たちの三人に一人は県外からの人たちであり、県内でも仙台市ではないところから来る人たちを合わせると、それで、ほぼ二人に一人にまでが市外の人たちということになる（高橋英博『せんだい遊歩』）。

こうして、大都市とその「まちなか」は、この高度消費社会を、直の目に見えるかたちで体現させる場として躍り出てくるのである。そこは、これまでみてきたようなさまざまな「わたし消費」が実現されるところであるとともに、また、それが促されるシカケであふれている。「まちなか」の景観やアメニティ、そしてショップやサービスはもちろんのこと、さまざまな分野にわたる大小のイベント、音や色や光や声、そして雑踏の波や猥雑なクウキでさえ、人々を「まちなか」へと誘う磁力になるとともに、人々を消費へと向かわせるシカケとなる。大都市とその「まちなか」は、「わたし消費」の場であるとともに、その「わたし消費」を休みなく促すための、いわば「消費と集客の装置」としての一面を大きくしてくるのである（高橋英博『都市と消費社会との出会い』）。

ところで、これまでみてきたような対人向けのサービス産業のあたらしい伸長は、いうまでもなく、社会的な分業体系の拡がりと深まりでもある。これらにまつわる事業所は、大なり小なり、互いに密にかかわりあいながら、その裾野を広げている。そして、それは、すぐ前に記したように、大都市とその「まちなか」に集まっていることがほとんどである。

また、これらのあたらしい産業のまわりには、先の表に記したほかにも、ファッションのみならず、ＩＴやウェブサイトを含めたさまざまな分野のプランナーやデザイナーのほか、同じくライターやカメラマンやアーティスト、モデルやインストラクター、さまざまな分野のマーケターやコメンテーターなど、そのほかのたくさんのカタカナ職業がかかわっている。

こうした職業をもって働く人たちのことを、先のJ・クラマーは「文化伝達者」、そしてD・ハーベイは「文化的大衆」と称しているが、その種類も、細かく分かれながら専門化されているし、そうした人材を育成する学校やコースも増えてきている。しかも、そうしたサービス産業じたいが成り立つためには、その管理や企画や広報や運営や補助などの、さらにきめ細かな分業のネットワークがどうしても欠かせない。そのことは、たとえば球団やライブハウスの運営が、プロのスポーツ選手やミュージシャンたちだけで成り立っているわけではないことからも明らかであろう。そのほかの産業についても、すべて、一事が万事であるといってよい。

それでは、こうしたあたらしい社会的な分業のネットワークは、共同体もしくは共同集団のなかに長いこと内部化されてきた「生産と共同」の体系が、そこから外部化されて、市場と公共サービスの広大なネットワークをかたちづくってきた戦後の社会的分業体系のありかたに比べると、いったい、どのような特徴があるのだろうか。つぎに、これについて考えてみることにしたい。

二　人間からの「わたし」の外部化と社会の変容

「わたし消費」と人間からの「わたし」の外部化

ここ日本での、これまでみてきたような高度消費社会における社会的な分業体系は、これまでの「生産と共同」の体系のあり方にたいして、さらに、個人もしくは人間の内面的なきっかけの外部化、言いかえると「わたし（らしさ）」の外部化という特徴を付け加えることによって成り立っている「生産と共同」の体系であるとみなすことができる。

このときの内面的なきっかけというのは、先の「わたし消費」に引きつけていえば、たとえば、性やセクシャリティであったり、他の人たちとの感動や一体感の共有であったり、見栄えのするルックスやカラダであったり、みずからの感性や自信であったりする。また、他の人たちとの交流やコミュニケーションであったり、結婚もしくは恋愛のパートナー探しであったり、ささやかな安らぎや癒しであったりする。あるいは、これらとはやや文脈が別になるかもしれないが、ここ十年くらいのうちに広まってきたケア（介護）やエンディング（葬式）にまつわるビジネスとのかかわりからすると、人間の老いであったり死であったりもする。

もちろん、わたしたちは、日々の暮らしのなかにあって、「わたし消費」をとおしてだけ「わたし（らしさ）」を表わしているわけではない。それぞれがもっている、それぞれの生活圏のなかで繰りひろげられる公私にわたる社会的相互行為をとおして、それぞれが、その「わたし（らしさ）」を体現しているといえよう。しかし、「わたし消費」による「わたし（らしさ）」の表出は、すでに、けっして小さくない暮らしの一部になっているのも、たしかである。

さらに、かつての共同体もしくは共同集団が衰えてくるのとともに人々のなかの「社会関係資本」の格差が広がっている今日、人と人との相互行為そのもののチャンスがほとんどない人たちも、たくさんいる。そうしたケースにおいては、もちろん人によってまちまちであるとはいえ、「わたし（消費）」による「わたし（らしさ）」の表出の営みがもっている切実さには、それなりのものがあるといえよう。

こうしてみると、すでに記したような対人向けのあたらしいサービス産業は、人々が個人として、その内側になにがしか抱えてきたり秘めてきたりした内面的な要素にまつわるさまざまなきっかけが、まさに市場のネットワークへと外部化されて用意されてあるものだとみなすことができよう。そして人々は、まさに消費者として、これらの内面的な要素にまつわるなにがしかのきっかけを選びとったうえで、それらをカネでもって商品として入手し、そのことで「わたし（らしさ）」を表出し、具現させている。

これについては、あまりに大げさな言い方だと受けとられるかもしれない。しかし、あながち、そうとも言いきれまい。それは、もしカネがなくてエステサロンや岩盤浴に行けなければ、人々は、鏡に映る自分のルックスやカラダに自信がもてないかもしれないし、あるいは、同じくフィットネスクラブやクッキングスタジオに行けなければ、気の置けない友人や知り合いを増やせないかもしれないからである。あるいは、ライブハウスやスタジアムに行けなければ、あの観客のなかの一体感を味わえないだろうし、ミュージカルに行けなければ、まわりの人たちとあの感動を共有することはできないし、もしかしたら、「明日への元気」をもらえないかもしれないからである。そして、「街コン」や婚活パーティーに行けなければ、へたすると、結婚もしくは恋愛のパートナーを見つけられないかもしれないのである。

こうしてみると、わたしたちの「わたし（らしさ）」の表出は、じつは、わたしたちのポケット（財布）のなかにあるといえなくもない。しかも、それは、その中身の多い少ないにも左右されがちとなる。そこには、「くらし消費」においてのみならず、「わたし（らしさ）」の表出においてもシビアになってくる格差という論点が含まれている。ともあれ、わたしたちは、もちろん人によってまちまちではあるものの、今、大なり小なり、こうした暮らし方をしている。それは、わたしたちの日々のカネの使い方をふりかえってみても、そんなに突出しているわけでもない、ありきたりの営みでありさえする。そしてそれは、その良し悪しを別にした、ひとつのまぎれもない現実ではある。

ところで、人がもっている内面的な要素、もしくは「わたし（らしさ）」というのは、時を少しだけさかのぼってみれば、もともとは、つぎのようなものであったろう。つまり、共同体もしくは共同集団のなかに長らく内部化されてきた「生産と共同」の体系のなかで、また、その体系についてまわってきた管理や運営の体系、そして知や情報の体系、さらには表出や表象の体系のなかで、人々は、日々の暮らしにおける直の目に見える人と人との協同や協力や共助や共有や共感をとおして、一人一人が、それぞれの喜怒哀楽を肌で感じとりながら、それぞれの「わたし（らしさ）」を、なにがしか体現してきたものとみなすことができる。

たとえ、その中身が今日とはかなりちがったかたちやレベルのものであったとしても、それぞれの人たちにとっての「わたし（らしさ）」は、じっさいに、そのようなかたちで、つまり、みずからが属する共同体もしくは共同集団のなかにおいて、あるいは、もう少しだけ広くとれば地域圏（郷土圏）のなかにおいて、いわば生身の人格的なかたちをもって体現されてきたところが大きかったといえよう。たくさんの日本人にとっては、それが、ついこのあいだまでつづいてきていたのである。みてきたような「わたし消費」にまつわる対人サービスがまだ現れてはいなかったかぎりにおいて、ほとんどの場合、ごくフツーの人たちにとっての「わたし（らしさ）」は、そして、そのフツーの暮らしにあっては、そのようなかたちにおいて表出されるほかなかったのである。

しかし、ここ日本では、とくに一九六〇年あたりから、人々にとってそうした場でもあったかつての「生産と共同」の体系が、その単位である共同体もしくは共同集団のなかから外部化されてきて久しい。それがもたらした村落や町内、そして家族、さらには「第二のムラ」としての企業（カイシャ）の変容については、すでに三章でみたとおりである。それとともに、そこから自立ないし浮上してくる、たくさんの個人たちが、またたくまに出現してきている。このことについても、すでに、四章で記したとおりである。

このことにかんがみると、ここ日本におけるこれまでみてきた高度消費社会のもとでのいわゆる「わたし消費」は、「生産と共同」の体系が長らく内部化されてきた共同体もしくは共同集団がまたたくまに衰えてきたなかにあって、そうした集団から切り離されていわば根無し草のようになってきた一人一人の個人たちが、そうした集団にとって代わる「わたし（らしさ）」の表出の場やきっかけを、この「わたし消費」にまつわる市場のネットワークのなかにも探し求めようとしていることの、ひとつの表れでもあるとみなすことができよう。もちろん、それを求めようとするときの入場券は、ポケットやバックのなかに入っているカネである。

人間ビッグバンと「人間外部化社会」の生成――社会的分業のネットワークの変質と「熟れかけの社会」――

さて、身もふたもない言い方になるかもしれないが、そうしたカネで入手されることによって表出される「わたし（らしさ）」は、今日の広大きわまりない「生産と共同」の体系のなかで一人一人が果たしているなにがしかの専門的もしくは区分的な役割とのかかわりからするならば、えてして、その役割を担っている日々の営みとの実質的もしくは実感的な結びつきがないか、あったとしても、かなり弱いものとならざるをえない。そのかぎりにおいて、そうした「わたし（らしさ）」の表出は、ややもすると、人々の日々の暮らしの実体とはかけはなれた、もしくは、そこから浮遊した、ほんのつかのまの営みにもなりがちとなる。

よって、その営みは、へたすると、カネによって消費されるというだけの「遊び」や「気晴らし」であったり、「息抜き」であったり「癒し」であったり、あるいは「見栄」であったり「強迫」でさえあったりする。しかも、市場のネットワークのなかに用意されてあるそうした「わたし（らしさ）」からの選択は、もしもたくさんのカネさえあれば、もはや無限にちかいものがあるといえよう。だからこそ、もちろん人によってまちまちであるとはいえ、人々は今、心のどこかで、いつも何かに追われつつ、たえず自己のなかのなにがしかの空白を埋めようとしながら走り回っているのかもしれない。

そのほかにも、ビジネスによっては、このような「わたし」のみならず、ヒトの「体」のなかのどこかについても、まさしく物体としてのヒトから外部化されて、グローバルレベルでの広大な分業体系のどこかに収められているとさえいえる。

そこまでいかなくても、たとえば、補聴器はヒトの耳の働きの外部化であり、音声入力器は同じく口や耳や手の外部化であり、プチ酸素ボンベは肺の外部化といえなくもない。それらは、言ってみれば、ヒトの足の働きがバスや車に外部化されているとみなしえるのとほとんど変わらない。これらのことは、この今では、とるに足らないほどありふれたことではある。しかし、つい五、六〇年ほど前までの日本人の目からするならば、それらは、これまでにほとんど見たことがないような、人間のなかの「わたし」や「体」が「外部化」されたものとして映ったことであろう。

このように、これまでつづいてきた「生産と共同」の体系に加えて、人間の内面的な要素やヒトの働きの外部化のネットワークを含んだ壮大な社会的分業の体系こそが、今日における、人々の「生産と共同」の体系の全体を成り立たせているのである。

そこでは、とくに「わたし消費」においては、それが、かならずしもなくても生きていけなくはない商品であるがゆえに、資本にとっては、その生産のみならず、人々の「欲求」の開拓やあらたな創出のための工夫がどうしても欠かせない。つまり、資本による人々の「欲望」や「欲求」の開拓と創出、つまりは人々の内面的な要素の市場のネットワークへの休みのない外部化が、「資本の回転」（マルクス）をできるだけ速めていくための要石となってくるのである。もちろん、この「回転」が速くなればなるほど、資本が手にする利益は大きくなる。それは、人々の内面的要素の市場ネットワークへの外部化とその促進が、今日における社会的な分業の広大な体系、言いかえると、「生産と共同」の体系の要件にまでなっているということでもある。よって、高度消費社会という特徴をもった今日の社会は、人々の内面的要素、言いかえると「わたし（らしさ）」の、個人もしくは人間からの外部化体系の上に成り立っているということになるかもしれない。

こうしたことは、古今東西、人々によってかたちづくられてきた「生産と共同」の体系の夢のような進歩の一面を示すものである。それによって、人々は、その美しさや華やかさ、そして、ココロやカラダの充実やトキメキやイヤシ、さらには、友人や知人、そして生きがいさえも手にすることができるかもしれない。

また、とくに、先の「集まりの消費」や「出会いの消費」のビジネスの場においては、さらには、「感動共有」や「一体感」のビジネスの場においても、そこに集う人たちのなかに、フォーマルとインフォーマルとにかかわらず、たとえ一時のものであるがゆえに長つづきしないかもしれないにせよ、そのフェースツーフェースのコミュニケーションのなかから、さまざまな人的ネットワークのほか、ゆるやかな「集まり」などがあたらしく取り結ばれていく回路ができあがりつつある。そこには、すでに記したように、そうした回路にアプローチしていくにあたっての、カネをはじめとするさまざまな資源格差という論点が含まれている。とはいえ、そこでは、これまでにはけっして見られなかったような人と人とのあたらしい関係とそのための場が広がっていく可能性が、もはや、目に見えるかたちで広がりつつある。そこには、あまり楽観はできないかもしれないにしても、「消費と集客の装置」としての都市じたいのなかに、その「消費」や「集客」を相対化しえるような、あたらしい人と人との関係が広がっていくひとつの回路が胚胎されているといえなくもない（高橋英博「消費社会の危機と都市社会の可能性」、堀田泉編『21世紀社会の視軸と描像』二〇〇四年）。

しかし、今日における人々の内面的要素の市場ネットワークへの外部化体系、言いかえると、今日の高度消費社会における社会的な分業の広大な体系は、他方では、その暴走の一面をものぞかせている。それは、その体系が、とりわけ資本（カネ）を介して資本によって主導されることによって、外部化体系そのものがいつのまにか自立化してしまっているところがあるからである。

つまり、人々がその「わたし（らしさ）」を表出しようとするときのなにがしかのきっかけが市場とそのネットワークのなかに外部化されてあるということは、人々の暮らしのなかに、これまでにないような楽しみや心地よさや快感や生きがいをもたらしている反面で、その同じ外部化体系が、カネによって人々の「わたし（らしさ）」を食い物にしていくことを阻みにくくもする。いわば「わたし消費」のジャンクフード化とでもいえる一面が、今日の「生産と共同」の体系のなかには潜んでいる。

なぜならば、やや正論めいてしまうかもしれないが、カネで手にした「つながり」や「わたし（らしさ）」には、とても華やかで魅せられてしまいそうなところがある反面で、どことなくはかなくて、うつろな影がついてまわるともに、つねに、ころころと移ろいがちなところが、どうしても否めないからである。先に記した「カラダビジネス」や「出会いの消費ビジネス」、さらにまた、「感動共有ビジネス」や「一体感ビジネス」などは、その好例であろう。だからこそそれらは、ややもすると「底なしの消費」にもなりがちとなる。

このことは、そのほかの「わたし消費」についても、大なり小なり当てはまるところがある。なぜならば、それらは、流行のトップを走りだしたというのもつかのま、いつのまにか、はかなく消えてしまっていることが多いからである。高度消費社会が、いわゆるポスト・モダンとともに語られがちなのも、まさに、こうしたところにその根っこがあるからなのかもしれない。

こうして、今日における「生産と共同」の体系は、その体系が長らく内部化されてきた地域圏、そして、同じく、すでに記したような共同体もしくは共同集団からの外部化の次元をはるかに超えて、こんどは、一人一人の個人もしくは人間もしくはヒトのなかから、その内面的な要素もしくは体の一部までをも市場のネットワークへと外部化させることで成り立っていることになる。わたしたちは、こうして、今、「外部化」の第三のステージに立っているのかもしれない。こうした現実を目の当たりにして、けっして少なくない人たちが、「すごいね～～」とか「ちょっと変かも～～」とか言うようにもなっている。人々によって経験されたり感知されたりする「社会」が、今、変わりつつある。

こうして、かつての「地域圏ビッグバン」や「共同体（共同集団）ビッグバン」にならっていうならば、今日の高度資本主義社会は、いわば「人間ビッグバン」をテコとするところに生じてくる社会的な分業の体系を土台にした、あらたな「生産と共同」の体系の総体として捉えることができよう。ここでは、それを「人間外部化社会」とでも名づけておくことにする。それをリードするのは、いうまでもなく資本である。

しかも、ここでの資本は、個人として生きるようになった一人一人の内面もしくは「わたし（らしさ）」のなかにも、その大きな利潤のチャンスを探ってくるようになった段階における資本ということになる。それは、これまでの資本がもってきた「外延化」もしくは「拡大」や「成長」の論理とあわせて、そこに、人々の内面への「深化」の論理を付け加えるものとなっている。そしてそれは、考えようによっては、人々の内面への「攻撃」や「侵略」の論理さえ含んでもいる。よって、この「人間外部化社会」については、それを、「侵してくる社会」もしくは「熟れかけの社会」という性格をもっているとみなすこともできよう。

ＡＩと人間からの「脳」の外部化

このところ、ＡＩ（artificial intelligence）——人工知能——の話題がしきりである。ＡＩがチェスの世界王者を負かしたり、あるいは、将棋や囲碁の棋士を負かしたりしたのは二〇一六年、ついこのあいだのことである。また、ＡＩ自走トラクターは、ＧＰＳを使いながら、土地の耕作を、たった二、三センチの誤差でもってやりとげてしまうことがはっきりしたり、ＡＩの野菜工場が、水や光や肥料をコントロールしながら、栽培をすべて自動で成しとげてしまったりすることなどが話題になっている。つまり、へたすると、そのすべてではないにしても、農業にかかる人手をかなりのところまで省くことができるかもしれないのである。

さらには、人の力によらない、つまりドライバーのいらない完全自走車の販売も、すぐそこのようである。ちょっと前に「ルンバ」というまったくの自走掃除ロボットが話題にもなったが、もはやそれも、一昔前のことであるかのようである。このようなことを前にして、今、ビジネスパースンたちのあいだでは、そのうちに、これまでのホワイトカラーの仕事のなかの少なくない部分がＡＩにとってかわられてしまうのではないか、といったこともささやかれている。

こうして、とてつもなく膨大なデータのなかから、たちまちのうちにその傾向を探りとり、それをふまえつつ、みずからが判断してなにがしかの作業につなげていくというＡＩテクノロジーは、古今東西、これまでに人々が作りあげてきた「生産と共同」の体系に革命的なイノベーションをもたらすだろうとも言われている。それは、わたしたちの生産や労働や消費という営みのなかで、人々の手や足や耳や目や口の働きの代わりをしてきたこれまでのテクノロジーとはまったくちがって、人々のいわば司令塔としての脳の働きをもこのＡＩに委ねていくという方向を示すものだからである。

じっさい、人々がさまざまな経験をとおして蓄えてきた能力が、今や、このＩＴやＡＩによって、いともたやすくとってかわられつつある。さっきの例のほかにも、ビッグデータによる顧客ニーズの分析とその生産や販売への応用のほか、スーパーやコンビニのレジのなかに仕込まれている商品ニーズの分析とその発注などにまつわる機能なども、そのひとつかもしれない。わたしたちは、今、こうしたあたらしい現実のなかで暮らしはじめている。

このときに、人間の脳の代わりになっている能力とは、たとえばデータの分類や分析の能力であったり、それらの情報を束ねることによって、そこに埋もれているなにがしかの傾向を見つけ出してくる能力であったりする。あるいは、それらの能力をふまえて、これからどのような行動をとったらよいのかを判断したり予見したりして、それを実行につなげていく能力であったりする。これらは、これまでは、人間の脳だけがもっているとされてきた、まさしく高度きわまりない能力であったはずのものである。今、そうした能力のなかのいくつかが、このＡＩへと代替されようとしている。

これらのことは、そのすべてではないにしても、いわば人間からの「脳」の外部化といえなくもない。AIやITがそのときの外部化の先にあるものだが、それを主導しているのは、今のところ、それらを開発して導入することによって、人件費をはじめとする経営コストをなるたけカットしようとしている資本である。しかも、そうした「脳」の外部化という営みの行く手には、とくに大資本にとって、壮大なビジネスチャンスと莫大な利益が見込まれているのは言うまでもない。

こうして、今や、すでにみた人々の「わたし（らしさ）」の表出にまつわる内面的なきっかけのみならず、人々の「脳」そのものも、そのなにがしかの部分が外部化されようとしている。言いかえると、市場のネットワークもしくは資本による利潤のターゲットは、人々のなかの「わたし（らしさ）」という内面的な要素もしくは「体」の一部にのみならず、もはや、人々の「脳」のなかにまでも深く迫りつつあるといえよう。そして、そうした市場のネットワークを支えているのが、わたしたち一人一人がそのなにがしかの役割をとおして作りあげている社会的な分業の広大なネットワークそのものである。

こうして、今日における「生産と共同」の体系は、一方では、グローバルなレベルにまで広がり、もしくは、はるか宇宙にまで飛び出している。のみならず、他方では、人々のなかの「わたし」や「脳」、あるいはまた、遺伝子という極小単位からのなにがしかの外部化ネットワークとしても存立しつつある。そしてそれが、その良し悪しにかかわらず、これまでとはちがった、まさに高度資本主義段階における、今日ならではの社会を成り立たせている。

「人間外部化社会」とその攻撃性

ところで、すでにみてきたように、ここ日本では、まずは明治から戦前までにおいて、それまで地域圏（郷土圏）のなかに内部化されてきた「生産と共同」の体系が市場のネットワークへと外部化＝分業化されるプロセスをとおして、先にも記した「生まれたての社会」という性格をもっている「地域圏外部化社会」が生成してきた。しかし、その段階では、地域圏のなかにたくさん散らばっていた村落（ムラ）や町内（チョウナイ）や家（イエ）といった共同体もしくは共同集団にまでは、この市場のネットワークからの解体圧力がまだのしかかってはいなかったといえる。

これもすでにみたことだが、戦後になって、一九五五年あたりから、こんどは、この共同体もしくは共同集団のなかに長らく内部化されてきた「生産と共同」の体系が市場と公的サービスのネットワークへと外部化され、かつ、それを支える広大な分業の社会的ネットワークとそれを土台にした「共同体外部化社会」ができあがってくる。

こうなってくると、まさに共同体もしくは共同集団が、またたくまにその解体圧力にさらされてくるようになる。そこでは、長いことつづいてきた半ば自給自足の暮らしが消えていくのにつれて、直の人と人とによる、目に見える協同や協力や共助や共有や共感が、そんなにいらなくなってくるからである。しかし、それは、どちらかというと、いわゆる近代化論者たちがそう考えたように、前近代的な色合いが濃かったここ日本においては、人々が封建遺制を乗りこえて「自立した個人」へといたっていく「近代化」にとって、むしろ望ましい動きとみなされた面が大きかったといえよう。

また、これらの共同体もしくは共同集団が衰えたり崩れたりしていく動きを前にして、そこから生じてくるさまざまな問題をついたのは、どちらかというと学知が主であった。たとえば、人々のなかに目立ってきた、ぼんやりとした「むなしさ」（疎外感）に注目してその背景を探ろうとした疎外論がそうであったし、また、「人間性の回復」を訴えた、いわゆるコミュニティ（形成）論者たちがそうである。

しかし、いわゆる「保守」に傾きがちな旧中間層のリーダーたち、そして、そうした人たちに支えられていた議員たちを別にすれば、日々の暮らしのなかでその解体や衰退をつぶさに経験したり感知したりしていた当の本人たちは、目の前にあらたに広がってきた、「できあがってきた社会」としての性格をもっている「共同体（共同集団）外部化社会」を、むしろ、ひたむきに、そしてがむしゃらに生きていたといってよいかもしれない。地方における村落という「第一のムラ」を離れて、高度成長期における「第二のムラ」としての企業（カイシャ）を生きていた「猛烈社員」や「エコノミックアニマル」たち、そして、彼らが追い求めた「マイホーム（主義）」や「私生活（主義）」などといったキーワードがそのことを示している。

人々のそうした暮らしにあっては、かつての共同体や共同集団の力が弱くなってきたぶんだけ、さまざまな生活困苦にたいする人々の防御力も弱くなってくるところがあったというのは、たしかである。しかし、ここでの社会は、たくさんの人たちにとっては、それがうまくいくかそうでないかはともあれ、みずからとその家族の幸せや豊かさを勝ち取ろうとする場ではあっても、みずからがもっている「わたし（らしさ）」や「脳」を侵略したり攻撃したりするものとして体験されたり感知されてくるようなことはない。

ところが、とくに一九九〇年あたりからの高度資本主義段階になってくると、すでに記したように、個人や人間やヒトのなかから、「わたし（らしさ）」や「体」や「脳」の一部までもが市場のネットワークへと外部化されていく。そして、この外部化体系こそが、「生産と共同」の壮大な体系を支えている大きなエンジンにもなってくる。この段階になってきてはじめて、一人一人の個人は、この市場のネットワークとそれを支える社会的な分業の体系を土台にしている社会そのものが、みずからの内面世界や脳にまでも侵略してくる面があることを体験したり、また感知したりするようになる。

ここに、人々がみずからの労働や消費という営みをとおして、まわりまわって作りあげている「生産と共同」の広大な分業体系を土台としている社会そのものが、わたしたちを侵略したり攻撃したりしてくるものとしても感知されるようになってくる。

しかし、わたしたちは、それに恐れおののいているというよりは、どちらかといえば、むしろ、そうした社会その

図4　人間ビッグバンと人間外部化社会／「外部化」の第Ⅲ段階

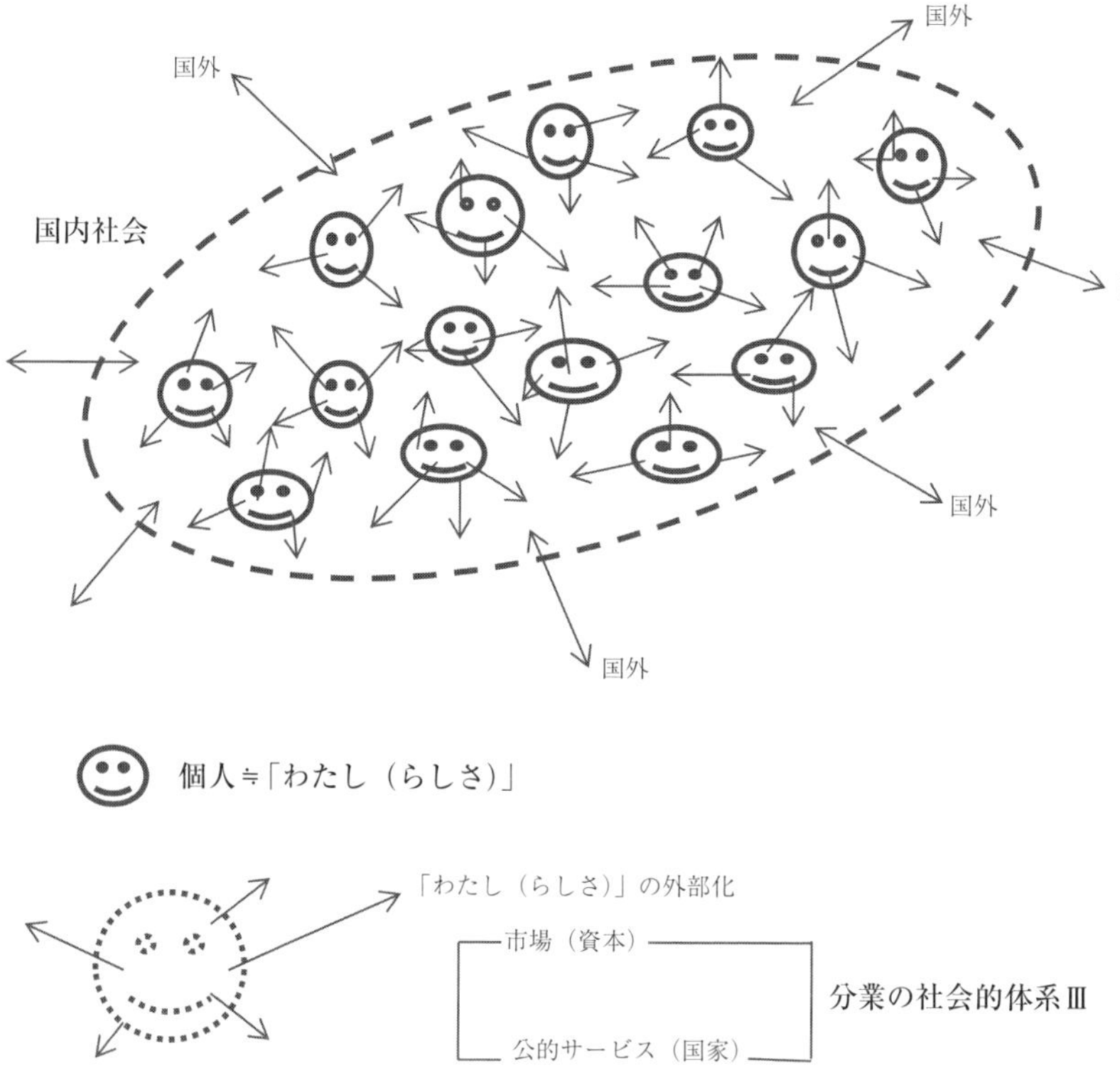

ものがもっているうつろなアヤシさそのものを、どことなく、その日々の暮らしの楽しみや充実やエネルギーにしているところが否めない。それは、食料や衣服や燃料をはじめとする生存のためのあらゆる手段を、もはやグローバルレベルにまで広がった市場のネットワークに頼っているわたしたちの「快適」で「豊かな」暮らしが、じつは、そのたちまちのうちのカタストロフィーと紙一重であるというリスクのうえに成り立っているのと、そんなに大きく変わるところはない。これと似たようなリスクが、人々の「わたし（らしさ）」や「脳」にまでも及んできているというだけのことである。

　ここ日本において、人々のなかに広がっている逼塞感や手づまり感がいろいろといわれてくるようになって久しい。それは、一九九〇年あたりからつづいている「失われた二〇（三〇）年」によるものだけではなく、ここ日本における「人間外部化社会」そのものがもつようになってきた、右に記したような攻撃性もしくは侵略性の感知によるところも大きいのではなかろうか。

ここに、人々によって体験されもしくは感知されてくる社会そのものがもっているこれまでとはちがった様相が、明と暗、もしくは快と苦との紙一重の差をも感じさせながら、ごくフツーの日々をフツーに暮らしている一人一人の個人によっても、はっきりと意識されてくるようになるのである。すでに記したように、けっして少なくない人々が、今日の社会を目の前にして、「すごいね〜〜」とか「ちょっと変かも〜〜」とか言いはじめているのは、なんとなくではあっても、このようなことを察しとっているからにちがいない。そこでは、たとえなんとなくであったとしても、先の「人間外部化社会」がもっている個人やヒトへのなにがしかの攻撃性が、かなりの人たちによって感知されてきているといえよう。

なお、**図4**は、これまで記してきた、いわば「人間ビッグバン」のもとでの「人間外部化社会」のイメージを描いたものである。

三　人間外部化社会と「危うい個人」——「わたし（らしさ）」の外部化と「主体」の危機——

「わたし消費」とカネ

さて、みてきたような「わたし消費」というのは、すでに記したように、市場のネットワークへと外部化されて用意されてあるたくさんの「わたし（らしさ）」のなかから、人々が、みずからの好みや条件によって選んだなにがしかの「わたし（らしさ）」の表出のきっかけを、カネでもって商品として入手するという仕組みをもっている。それは、人々が、たくさんの「わたし（らしさ）」のなかからのいわば「選択主体」として、みずからの消費を営んでいるということでもある。

つまり、人々は、「わたし（らしさ）」をいわばコーディネートする営みを、カネでもって入手していることになる。そして、そのコーディネートの対象は、「わたし（らしさ）」を表出するきっかけが市場へと外部化された広い分業のネットワークのなかに、すでに商品として用意されてある。つまるところ、「わたし」という個人は、この広大な分業のネットワークのなかにあって、みずからの「わたし（らしさ）」をプロデュースしてコーディネートする主体として、まさに「わたし消費」を営んでいるということになる。

それは、わたしたちが、食品や日用品などにまつわる「くらし消費」を営むにあたって、それぞれが入用とするモノを、それぞれが、スーパーマーケットの陳列ケースから時と状況にしたがって選んできて、それをカネでもって商品として入手する営みとそんなに変わるところがない。その「買い物」の対象が、なにがしかの効用をもったモノから、「わたし（らしさ）」という内面価値にまで広がってきたというにすぎない。

こうした動きが、ここ日本では、この二〇年足らずのうちに、ものすごい勢いで広がってきている。かつては、人々の「生産と共同」の体系が内部化されてきた単位集団のなかでなされてきた「わたし（らしさ）」の表出のきっかけのなにがしかを、今、わたしたちは、一人一人が、モノと同じように、市場のネットワークのなかから選んできて、カネでもって入手するようになってきたのである。その背後には、すでにみたように、細かく分かれた専門的もしくは断片的な社会的分業のネットワークが広がっている。しかも、そこには、これまでにはみられなかったような、あたらしい業務や職業が付け加えられるようになっている。今日における社会的な分業の体系は、もはや、このようなレベルにまで深まってきているのである。

こうして、「わたし消費」が広くビジネスとして成り立っているかぎりにおいて、そうした「わたし消費」のあり方は、わたしたちの「わたし（らしさ）」の表出のすべてではないにしても、また、人によってまちまちではあるものの、じっさいのところ、わたしたちの日々の暮らしにとって、けっして小さくない部分を占めているといえよう。そして、「わたし消費」を営むにあたっての選択資源は、それぞれの人がもっている学歴や文化や情報や育ちといった、さまざまな階層差によっても、まちまちである。しかし、それは、いきつくところ、ポケットやバッグのなかに入っているカネの力が大きいのであって、その多い少ないによって左右されてくるのは言うまでもない。

このように、カネでもって入手されてくる「わたし（らしさ）」の表出についてみるとき、そのほとんどは、とても心地よくて、楽しく、また、心身ともに充たされる、ステキな営みである。それは、人々にとって、その「わたし（らしさ）」を手にするまでの人と人との「かかわり」や、それにつきものの煩わしさや労苦や時間などをすべて省いたところで入手される「最終消費」だからである。さらには、そうした「わたし消費」が営まれる市場のネットワークは、それを支える広大な社会的分業の体系をとおして、つねに買い手の満足をくすぐる工夫が凝らされているものであり、もし、それがステキでなければ、もしくは、すぐに飽きられてしまえば、そもそも、商品市場から消えてしまう代物だからでもある。

こうして、この高度消費社会における「わたし消費」は、名も知らない不特定多数のあいだで、一人一人の個人を互いに「最終消費」の対象としあう一面をも含むようになるまでに熟れてきている。それは、今日における「生産と共同」の体系が、同じような一面をもつようになっているということでもある。しかし、その「生産と共同」の体系とそこに含まれている表出と表象の体系は、ここ日本にあっては、まさに一九六〇年代あたりまでは、人と人との直の協力や協同や共有や共助や共感をとおしてこそ作りあげられていたものであることは、言うまでもない。変化のスピードが、いかにものすごかったかがうかがわれる。

「浮遊する選択主体」と「第三のムラ」

ところで、「わたし消費」にまつわる商品のなかから入手されてくる「わたし（らしさ）」の表出のきっかけの多くは、かならずしも、今日の広大な「生産と共同」の体系のなかでわたしたちが分かち果たしているなにがしかの役割のなかに固く根を下ろしているとはかぎらない。そのほとんどは、「消費」という営みによってのみ、まわりまわって「生産と共同」の体系の再生産へとつながっているにすぎない。よって、それは、まさに「消費」という営みをやめてしまえば、わたしたち自身にとって、いつまでたっても充たされることのない「わたし（らしさ）」となって浮遊しつつ、わたしたちのまわりに外部化されつづけることになる。

ここ日本では、とくに若い人たちのあいだに、「自分探し」もしくは「わたし探し」というキーワードで示される状況が広がってきて久しい。それは、市場のネットワークへと外部化されてある「わたし（らしさ）」のなかから、わたしたちが、わたしたちに合った「わたし（らしさ）」という商品を、いつまでも幻のごとく探し選んでくる営みをなにがしか映し出しているからなのかもしれない。

こうして、人々が、これまでの「生産と共同」の体系が内部化された単位集団であった家族や地域や職場から切り離されればされるほど、そしてまた、人々が、みずからの「わたし（らしさ）」を表出することができる人と人との相互行為から客観的にも主観的にも切り離されていればいるほど、あるいは、そうした相互行為をキリモリする技法としての「生きる力」や「人間力」に長けていなければいないほど、この「わたし消費」によって入手されてくる「わたし（らしさ）」の表出のきっかけがもつようになる「大切さ」は、相対的に大きくなってくる。わたしたちは、ここ日本における個人の生成がかなり遅かっただけに、えてして、このような性格をもっている「わたし消費」にたいするアレルギーも小さいのかもしれない。よって、わたしたちは、いともたやすく、カネを介して、「わたし（らしさ）」の外部化ネットワークへと走りがちになってしまうのかもしれない。そして資本は、そのターゲットを、すでに、しっかりと狙い定めている。

こうしてみると、資本が、「自立した個人」という堤防を乗りこえて人々の内面へと「侵略」してくる論理が、ここ日本では、よりたやすく作用しつつあるのかもしれない。それによって、かつて、「生産と共同」の体系が、それが長らく内部化されてきた単位集団のなかから外部化されてくるとともに、その内部化されてきた集団そのものが衰えてしまったり、あるいは、無くてもよくなってきたりするのとまったく同じようなことが、わたしたちの「個人」のなかにも起こってこないとはかぎらない。ここしばらくのあいだ、「主体の危機」が叫ばれつづけているのも、このようなところに、その根があるといってよかろう。

こうしてみると、ここ日本において、先の「欲望資本主義」や「消費資本主義」を主とする高度消費社会があっというまに実現してきたのも、すでにみてきたような、社会の生成がどちらかというと先行して、それから、それを追いかけるようなかたちで個人が生成してくるといった、個人とその生成をめぐる日本ならではの背景がなにがしか与っているからなのかもしれない。

こうして、今、わたしたちは、「わたし消費」という営みのなかで、いわば浮遊する選択主体としての日々を過ごしているといえよう。それが、たとえ一時のものであれ、また、たまたまつまみ食いしたようなものであれ、どちらにしても、わたしたちは、市場のネットワークへと外部化されてある「わたし（らしさ）」の表出のきっかけを選んでいる営みを繰りかえしているからである。そして、それは、じっさいに、またややこしいことに、わたしたちの日々の暮らしの楽しみであり、充実であり、エネルギーでもある。つまり、わたしたちは、公私ともに人と人との相互行為のなかで生きている日々の暮らしそのもののなかの欠かせない一コマとして、浮遊する選択主体としての「幻」をも生きているといえよう。

そしてその「わたし消費」が、それによって人々の「一体感」や「感動の共有」や「つながり」や「交流」を運んできて、それをカネでもって入手しようとするならば、それは、いわば一時のその場かぎりの性格をぬぐいきれないがゆえに、わたしたちは、なおいっそうのこと、先のクラマーのいう「幻のつながり」もしくは「幻の一体感」を追い求めることになるのかもしれない。家族や地域や職場といった、かつての「生産と共同」の体系が内部化されていた単位集団が衰えたりいらなくなってきたりしている今日、この「幻のつながり」は、断片的かつ一時のものであったにしても、けっして少なくない人たちにとっては、いわば「第三のムラ」のような代物として感知されてくるところがあるのかもしれない。

ところで、すでにみた「第一のムラ」や「第二のムラ」がまぎれもない実体だったとすれば、この「第三のムラ」は、見ず知らずではあるものの、好みや志向をなんとなく同じくしている不特定多数の人たちによって、その場その場、もしくは、その都度その都度に作りあげられては消えていく、いわば「幻のムラ」のようなものだといえよう。そしてそれは、ときに付和雷同的なクウキとともに、大がかりに出没したりもする。インターネット上のさまざまな「コミュニティ」と、まさに同根のものである。そこには、民族や文化や言語や価値観をほぼ同じくしているという日本（人）ならではの同質性もまた、どことなく効いているのかもしれない。

「主体の危機」と「内なる個人」

ところで、これまでみてきたような「わたし（らしさ）」や「脳」の外部化とともにそれが市場のネットワークに浮かんでいくとき、そして、そのような特徴を支えるあたらしい分業の社会的なネットワークが広がっていくとき、そこに、個人もしくは人間というものにたいする根本的な問いが立ち上がってくる。つまり、「個人（なるもの）」や「人間（なるもの）」とはどのようなものなのか、そして、それをつきつめていった先にある芯のようなものは、いったい何なのだろうか、という問いである。

しかし、これは、ことさら今に始まったような問いではない。なぜならば、それは、かつては六〇キロの米俵をひょいと背負って荷車に積むことができた男の能力が、今ではほとんど尊ばれることがなくなってしまっている、ということの延長上にある問いだからである。あるいは、それは、そろばんや計算がすごく速くできたという能力が、今では、ことさらに称えられることもなくなってしまっている、ということの延長上にある問いでもある。それが、たとえば膨大なデータの分析からなにがしかの傾向を析出してこれからの方策をひねり出すという能力についても、そのうちに、「だから何なのさ?」と言われるようになってくるかもしれないだけのことである。こうして、「わたし（らしさ）」や「脳」の外部化が広がりつつある今、個人を個人として存立させる要件が、あらためて問いなおされてきている。

今のところ、「個人」は、とりわけ消費の営みにおいてではあるものの、「わたし（らしさ）」をプロデュースしてコーディネートする選択主体としての一面を付け足しつつある。そしてまた、そのうちに、同じようにITやAIへと外部化された人間の「脳（能力）」を、時と所、そしてまた、状況に応じながらプロデュースしてコーディネートする選択主体としての一面を付け加えていくことになるかもしれない。それは、わたしたちが、わたしたちの暮らしのなかで、食品や日用品や家具や家電などをどのように揃えて使うのかという営みと、そんなに変わるところがない。ただ、その営みが、わたしたちの「わたし（らしさ）」という内面や「脳」の一部にまで及んでくる、というだけのことである。外から見た目には、今日、「個人（なるもの）」をプロデュースしてコーディネートする「内なる個人」が、歴史のなかに、あたらしく生まれつつあるのかもしれない。

そうした「内なる個人」というのは、個人が個人として存立していくために、外部化されてある生存や暮らしや自己表出にとってのさまざまな条件や因子を、あるなにがしかの目的や意図や方向をもって選択して入手し、それらを加工することをとおしてあたらしい世界を創っていく能力、そしてまた、それを実行していく能力をもった主体としての個人である。それは、みずからを「個人」として存立させていくために、外界や自分自身をいわば「調律」していこうとする「意志」をもったものでなくてはなるまい。

今日では、すでにみてきたように、人々が作ってきた「生産と共同」の体系、そしてそれについてまわってきた、組織の管理や運営の体系、知や情報の体系、そして表出や表象の体系が、地域圏からはもちろんのこと、これまでのさまざまな共同体や共同集団からも外部化されてきて久しい。さらに、とりわけ市場のネットワークは、今、人々の「わたし（らしさ）」や「脳」のレベルからの外部化体系としても生成してきている。

そうしたなかにあって、この「内なる個人」は、そのような外部化体系そのものがわたしたちの暮らしにもたらす十分なメリットのほかにも、それが個人の暮らしや内面へと「侵略」してくる一面をも感知しつつ相対化したうえで、それらのいわば紙一重の両者を前にして、みずからの暮らしとその外部化体系との界面を自立的にコントロールしうる司令塔としての内実が問われていくことになるだろう。

そうでないと、わたしたちは、ひょっとすると、わたしたち自身の内側から市場のネットワークへと外部化されてあるいくつかの与えられた「わたし（らしさ）」や、そして、同じようにして与えられた「脳」を、わたしたち自身が、あたかも「主体的」に選んでいるとみなしてしまう生き方が、さも当たり前のようになってしまうかもしれない。それを、ただの杞憂にすぎないと笑い飛ばしてしまえないところに、久しく前から「主体の危機」が叫ばれているゆえんがある。ただし、これとて、それをグローバルレベルでみるならば、食うや食わずの苦しい暮らしを強いられている第三世界の人たちの困苦の上に成り立っている虚構ないし狂気を映し出している、というだけのことなのかもしれない。

しかし、この「主体の危機」は、あくまでも、今あるような、共同体もしくは共同集団のなかから「生産と共同」の体系を外部化させた市場のネットワークと、人々の「わたし（らしさ）」や「脳」を外部化させた市場のネットワーク、そして、それらを支える広大な社会的な分業の体系を所与とするかぎりにおいてのことである。今日、ここ日本においても、一方で、こうした動きを加速させるような動きとともに、他方では、こうした動きを省みるとともに、それにちょっとしたブレーキをかけようとするような動きが立ち上がりつつある。つぎに、このことについて、くわしくみていくことにする。

六章　地域への「まなざし」とその広がり

——それが含んでいる問い——

一　地域への「まなざし」とそれが含んでいる問い

ここ日本では、このところ、コミュニティビジネスとかソーシャルビジネスといわれているあたらしいビジネスとその起業が取りざたされている。あるいは、都会の若い人たちが地方へと移り住むとともに、そこであらたに地場産業に就いたり、伝統工芸品の職人になろうとしたりするような動きも目立っている。さらには、とくに二〇一一年三月の東日本大震災をきっかけにして、太陽光のほかにも、風力や小水力や地熱などを活かした地域レベルでのエネルギー自給への動きも広がりつつある。

そのほかにも、これらに似たようなものとして、地産地消やご当地グルメ、また、地域ブランドの発信や地域イベントの開催などといった動きも広がっている。なかには少し前からのものもあるが、これらが勢いづいてくるのは、とくに五、六年くらい前からのことであり、せいぜいのところ、二〇〇〇年代に入ってからの、ここ一〇年くらいのことにすぎない。そして、これらのなかには、行政が支援しているものもある。

こうした動きを貫いているのは、大まかに言って、地域の内側への「まなざし」だといえる。それは、ひとつには、グローバリゼーションの流れのなかにあってなかなか回復しそうにない日本経済、とりわけ地方経済をどうにかして上向かせようという文脈のなかに位置づけることができる。しかし、思うにこれらは、経済の次元よりももっと広い意味をも含んでいそうである。

それでは、地方においてあらたにみられるようになってきたこうした動きは、もっと大本のところで、いったいどんなことを意味しているのだろうか。そしてまた、これからどのようになっていくのだろうか。これらについては、今のところ、社会学だけではなくて、さまざまな学によっても、まだはっきりとした回答がなされているわけではない。これらは、まだ始まったばかりの動きだからである。

しかし、この本の五章まで記してきたことをふまえると、こうしたあたらしい動きは、これまで、まずは地域圏（郷土圏）のなかから、そしてつぎには共同体もしくは共同集団のなかから、市場や公的サービスの広大な分業のネットワークへと外部化の一途をたどってきた「生産と共同」の体系を、ここにきて、もう一回、あらためて地域圏のなかに再内部化していこうという試みとして括ることができるかもしれない。つまり、古今東西、人々によって作りあげられてきた「生産と共同」の体系は、まずは、それがそのなにがしかの単位のなかに内部化されていたかつての段階から、それがその単位から外部化される段階をへて、そして今、あらためてなにがしかの単位へと再内部化されてくる段階に入ってきたともいえよう。その単位として、にわかに浮上してきているのが、この章でとりあげる地域圏ということになる。

ちなみに、ここ日本では、地域（生活圏）や家族や職場といった共同集団においては、今のところ、そこでの「生産と共同」の体系が、市場と公的サービスの分業ネットワークへとまだまだ外部化のただなかであり、その体系のなにがしかがそれらの共同集団へと再内部化されたり、それをめざしたりするような動きは、さほどみられているわけではなさそうである。このところ、暮らしていくための最小ぎりぎりのものしか手元におかない「ミニマリスト」というような生き方が共感を呼んでいることなどからすると、この外部化は、へたすると、ますます高じていくとさえいえるのかもしれない。

ところで、今日の広大な分業のネットワークから成り立っている「生産と共同」の体系のなかの、いったいどこのどれが地域圏へと再内部化されようとしているのか。これについては、再内部化の動きにかかわる人たちや地域をとりまいているそれぞれの状況によって、そのテーマや対象のほか、その手法や担い手が、今のところ、まちまちである。しかし、いずれにしても、「生産と共同」の体系のなかのなにがしかの部分が地域圏へと再内部化されていこうとするときの地域やそこでの集団のあり方は、それらのかつてのあり方に戻るというよりは、そのメンバー形成も含めて、これまでとはまったくちがった内容のもとに作られていくことになりそうである。その兆しは、すでに、右に引いたような動きそのもののなかにもみてとれる。

こうした動きのなかには、わたしたちが、これから先、どのような「個人」を、そしてどのような「社会」を意図していくのか、そしてまた、その「個人と社会」との関係の行方をどのようにイメージしていくのか、その「問い」へのヒントが埋もれているかもしれない。その回答については七章で記すことにして、ここでは、ひとまずのところ、近年になって目立つようになってきた、地域へと注がれるあらたな「まなざし」にもとづく、いろいろな動きについてのみ、見わたしておくことにする。

二　コミュニティビジネスとその開かれた担い手

コミュニティビジネスと「地域」への「まなざし」

そもそも、コミュニティビジネスという用語そのものを見聞きするようになったのは、おそらくは、二〇〇〇年あたりからのことであろう。一九九八年に「特定非営利活動促進法（ＮＰＯ法）」ができてから、コミュニティビジネスを始めようとしている事業主の多くがＮＰＯ法人化をめざすようになり、それにともなって、この用語も広がってきたといえる。

にもかかわらず、今のところ、この用語についてのはっきりした定めはない。しかし、これは、大まかに言うと、地域のなかのなにがしかの課題もしくはニーズに応えようとするために事業化されたビジネスのことである。よって、それは、地元の自然や環境のほか、とくに一次産品をはじめとする原材料、そして人材や施設などといった、それぞれの地に固有の資源を活かそうとするものがほとんどである。また、それをとおしてあらたな雇用のチャンスが創られたり、地域活性化のためのあたらしい担い手が現れてきたり育ってきたりすることも多い。

これらのなかには、そもそものなれ初めは地元に根ざした小さなビジネスであっても、いつのまにか、それが全国レベルにまで広がることも珍しくない。千葉県の、とある農村から始まった、かつては出荷規格から外されていた野菜を商品化した「カット野菜」ビジネスが、いまでは、どこのスーパーやコンビニにでも見られるビッグビジネスになっているのは、その一例である。

また、徳島県上勝町の「葉っぱ（つまもの）ビジネス」も、よく知られた成功例である。

これは、里山や畑に生えている木の葉っぱや野の花などを選びとってきて、それを和食に添える「つまもの」として、都会の料亭やあちこちの温泉旅館などに出荷・販売するという、過疎山村ならではの活性化ビジネスである。これは、市場と産地とをリアルタイムでつなぐＩＴの活用のほか、地元についてよく知っている年配の人たちが主な担い手になることによって、まさに「目からうろこ」の大きな成果につながっている。くわしいことは、このビジネスの立役者でもある横石知二氏が著した、『そうだ、葉っぱを売ろう！』（二〇〇七年）などに書いてあるので、そちらに回したい。

ちなみに、こうしたコミュニティビジネスが、地域の課題やニーズに応えようとするところから始まったものであるのにたいして、ソーシャルビジネスといわれているものは、地域よりももっと広く、どちらかというと社会全体のなかのなにがしかの課題やニーズに応えようとするものを指している。よって、大まかに言えば、前者は後者に含まれる、ということになる。

さて、今では、このコミュニティビジネスのさまざまな事例が、インターネット上にたくさん紹介されている。また、経済産業省やその地方局、そして自治体なども、たくさんの支援策やセミナースケジュールや事例集をインターネット上に公にしている。ここには、行財政コストを少しでも削らなくてはならないなかで、行政もまた、これらの動きを、地域活性化に向けてのあたらしい協働先として育てて活用していこうとしていることがうかがいとれる。

こうしたコミュニティビジネスが主なターゲットとしているのは、地域で必要とされていながらも、これまで、公的部門も市場部門もあまり取り組んでこなかったテーマであることが、ほとんどである。はっきりと区分けすることはできないものの、それらは、たとえば、つぎのようなタイプに分けることができるかもしれない。

①環境活用ビジネス――一次産業の活性化・環境再生・リサイクル・再生エネルギー事業など。
②生活支援ビジネス――お年寄り・家事・子育て・就業などへの支援。
③地域再生ビジネス――まちづくり・商店街の活性化・空き家再生・観光活性化・地元の歴史や文化の掘り起しと活用など。

これらの三つを貫いているのは、自分たちが住んでいる地域もしくは地元の内側への「まなざし」である。なぜならば、これらのビジネスは、そのテーマや手法がまちまちであったとしても、いずれも、地域のなかの課題やニーズに目を向けたり、あるいは、それぞれの地域がもっているその地ならではの資源に目を向けたり、あるいは、その地に埋もれている人材とその活用に目を向けたりしているからである。地域の内側へのそうした「まなざし」がビジネスへとつながっているところに、これらのコミュニティビジネスの眼目がある。

それと、これらの事業とその市場（マーケット）は、だいたいのところ、それぞれの地域内に収まりがちである。しかし、そのことは、経営の内容がそれぞれの地域を大きくはみ出していくことを拒んでいるということではない。むしろ、そのほうが、ビジネスとしてはかなりの成功だといえよう。しかし、そのような成功を収めたとしても、その大元にある地域の内側への「まなざし」は保たれていくところに、このコミュニティビジネスと一般の企業ビジネスとの大きなちがいがある。先の「葉っぱ（つまもの）ビジネス」などは、その好例であろう。

ひるがえって、国内はおろかグローバルレベルでの競争にさらされている企業ビジネスにとっては、つねにその効率や利潤を上げていくことは、長きにわたっての安定した経営には欠かせないものである。そのかぎりにおいて、その事業や市場のあり方は、むしろ、あるどこその地域の内側に根ざすというよりは、むしろ、その外へとかぎりなく広がっていかざるをえない。地域をひとつのモノサシにするならば、ほとんどにおいて、企業の「まなざし」は地域の外へと広がっていくのであり、コミュニティビジネスのほうは、その「まなざし」が地域の内側に向けられている。そうしたことからするならば、このコミュニティビジネスは、三節でみるような地場産業のもっている性格とかなりのところまで重なっており、いわばそのひとつの新奇体だといってよいかもしれない。

地域の外へも開かれた担い手

ところで、こうしたコミュニティビジネスにかかわっている人たちの多くは、もともと地元に暮らしていて、その地をよく知っている人たちである。そのぶんだけ、地域が抱えている課題やニーズをビジネスへとつなげやすいからだともいえよう。しかし、そうではなく、かなり遠くの都会から移り住んできて、そこで、みずからがビジネスを始めたり、あるいは地元の人たちと協力してビジネスを始めたりしている人も、たくさんいる。そのほかにも、縁もゆかりもないところから移り住んできて、そのコミュニティビジネスにあたらしく参入したりする人たちも多い。

たとえば、先の「葉っぱビジネス」で知られている上勝町には、この五、六年のあいだに町外から六〇〇人もの若者たちが見学やセミナーに訪れていて、そのなかの二〇人を超える人たちが移り住んでいる。そのなかには、町のなかであたらしく起業しているケースもあるという。

また、過疎がひどくなり、住民が少なくなってしまったために荒れてきた中山間地をどのように再生していくかというテーマのもとに、高知や島根などからあちこちの県に広がりつつある「害獣」ビジネスについても、たんに狩猟（イノシシやシカの捕獲や解体や流通）とジビエレストラン、あるいは冷凍肉や缶詰の生産にとどまらず、イノシシせっけんや皮革などのあたらしいビジネスに、とくに県外から移り住んできた若い人たちが取り組んでいる。そしてメディアもまた、そうした人たちの生き方について、しきりに記事にするようになっている。ここでもっと紹介することはできないが、このほかにも、あちこちに、似たような例は少なくない。

ここまでは、先に記した①のタイプのコミュニティビジネスについて記してきた。そのほか、②のタイプについても、たとえば盛岡市の「ライフサポート松園」など、たくさんの成功例があるし、その主な担い手の人たちについても、①の例とかなり重なるところも多い。また、③についても、古民家の再生のほか、あちこちにみられるコミュニティレストランや交流イベントにまつわるビジネスなどの広がりがあるし、そこでも、右に記したのと似たようなことが珍しくない。

こうしたことから言えるのは、コミュニティビジネスのまわりには、まずは、その性別や職歴や学歴や居住地などといった属性をはるかに越えたところで、あらたに人々が集まっているということである。そしてさらに、そうした人たちは、なにがしかの組織や集団の一員としてというよりは、まさに一人の個人の立場でもって考えながら判断し、そして活動しようとして、どこそこの地域に根ざしつつある。それらのメンバー構成は、それぞれのコミュニティビジネスとその状況によってまちまちではあれ、かならずしも地元の人たちであるとはかぎらず、むしろ、地域の外からやってくる人たちも多い。また、いったんは都会に暮らしていた人たちが、何かのきっかけで地元に戻ってきて、ビジネスを始めるというケースも多い。そこには、今や、インターネットにアクセスしさえすれば、いつでもどこでも、さまざまな情報をたやすく手に入れられるようになってきたことが与っている。

このように、コミュニティビジネスの場においては、地域の内側への「まなざし」が、そこに暮らす人たちとともに、地域の外からやってくる人たちにも大きく開かれている。そして、そうした人たちの活動もまた、地域の人たちだけではなく、地域の外に広がっているさまざまな人脈によって支えられたり助けられたりしていることも多い。そこには、コミュニティビジネスをとおして、ある地域のなかに、これまでには見られなかったような、地域への「まなざし」というはっきりとした共通の意図にもとづきながら、地域の外にも開かれた、ゆるやかなネットワークが作られつつある。

このとき、コミュニティビジネスの対象となる活動やその市場についていえば、それは、すでにみたように、けっして広くはない地域圏のなかに収まることがほとんどである。そのぶんだけ、そこにかかわる人たちの活動は、直の目に見える協同や協力や共助や共感のうえに成り立っていることが多い。むしろ、そのことをもってして、コミュニティビジネスそのものが存立しているといってよいかもしれない。また、コミュニティビジネスを始めたり参入したりしている人たちが追い求めようとしているのも、多くのケースにおいて、たとえ生活の物的なレベルがかなり下がったとしても、人と自然、そして人と人とのそうした直のつながりや共同のなかで仕事をし、そしてまた暮らすという日々の営みがもっている手ごたえである。

さて、こうしたコミュニティビジネスは、先にも記したように、人々が作っている「生産と共同」の体系のなかでも、市場部門や公的部門が扱ってこなかった、いわば「スキマ」に注目したビジネスであることが多い。そうしたことから、コミュニティビジネスやソーシャルビジネスは、NPOやボランティア団体などとともに、いわゆる社会部門のなかに含められている。とはいっても、「地元のためになる」という先に記したような要件を充たしていれば、個人や会社やいろいろな組合などが、これらのコミュニティビジネスの担い手であることも珍しくない。そしてこれらにかかわる人たちは、利益を上げることそのものが主な目的というよりは、ビジネスをとおして「地元のために」役に立とうとするとともに、その活動をとおして自己を表出しようとしたり、みずからの生きがいにしようとしたりしている。つまり、コミュニティビジネスのまわりには、とくに市場のネットワークにみられるような、利益や効率や拡大や成長といったことに傾きがちであったこれまでの価値とはちがった、あたらしい、「別の」価値を志向する人たちが集まっているということができるかもしれない。

とはいえ、こうしたコミュニティビジネスにしても、それがビジネスであるというかぎりにおいては、設備やコストや人材といった経営の土台がしっかりしていないと、事業そのものが立ち行かなくなってしまう。そのことは、事業のもともとの目的であるところの、地域が抱えている課題やニーズに応えられなくなってしまうということにもつながる。

そうかといって、経営をなんとか保とうとして、たとえば行政のたんなる委託先になってしまっては、かえって、そのクリエイティブな自立性が危ぶまれてしまう。まだまだ始まったばかりの動きでもあるせいか、あるいはここ日本での、ＮＰＯをはじめとした社会部門にたいする人々の寄付文化の弱さもあるせいか、こうしたコミュニティビジネスの行く末は、なかなか生易しいものではない。そのこともあって、せっかく立ち上がってきたビジネスそのものも、その消長にさらされがちとなっている。それは、ここ日本におけるＮＰＯが置かれてきた状況とかなり似ているところがある。今日、コミュニティビジネスの理念や事業と、その自立した経営とのあいだの兼ね合いが、なかなか危ういものになってきているのもたしかである。

三　地場産業回帰と地域圏への「まなざし」

ここ日本では、これまでみてきたようなコミュニティビジネスのほかにも、あらためて地域の内側への「まなざし」がクローズアップされてきている例は、たくさんある。たとえば、これまでは衰えるばかりであった地方における地場産業が、地域活性化に向けての大きなテコとしての役回りを手にしつつある。そのなかには、地場産業が、長いことそこに根づいてきた地元ならではの固有性をウリにしつつ、国内はおろか、グローバルな市場へと飛び出していることも珍しくない。

たとえば、「食」についてみてみると、讃岐うどんがそうである。これは、中国やアジアのほかにも、はるかアメリカやヨーロッパやロシアにまで出店するようになっている。ソバやラーメンについても、同じようなことが言えるかもしれない。これらは、海外でも、「SUSHI（寿司）」をはじめとする和食が大きなブームになっていることの一コマといえよう。そのほか、東北についての例をあげるならば、かつては、限られた地方でのみ食べられていた秋田の稲庭うどんや宮城の白石温麵（ウーメン）なども、その名が、今では、国内のあちこちにまで知られるようになってきている。

日本酒についても、同じようなことが言えよう。

灘や伏見といった大きな産地を別にすれば、地方にあって古くからの地場産業として細々と生きながらえてきた小さな蔵元のなかには、今では、国内のあちこちにまでその名が知られるようになってきたものも多い。さらには、和食ブームとともに「Sake（Japanese rice wine）」の良さが国外にまで知られるようになってきて、それに大きく寄与している蔵元も、たくさんある。そこで仕事をしている杜氏のなかには、もともとは酒造とまったくかかわりのない職業に就いていて、それを辞めてから、資格を取って修行している若い人たちも多くなっている。このほかにも、ここでいろいろと紹介はできないが、あちこちの果物や米や野菜などのほか、水産物のなかにも、その高い品質が、アジアをはじめとしてグローバルレベルで受け入れられつつあるものが、たくさんある。

そして、もうひとつ、食品のほかにも、地方には、繊維や織物や漆器や陶磁器や木工品や鋳物などをはじめとする地場産業が息づいてきている。なかでも、伝統工芸品といわれているもののなかには、江戸や明治から、人々の暮らしを支えるとともに、そこに味わいのある彩りを与えてきたものが、たくさんある。しかし、戦後になってからつい近ごろまでは、暮らしの洋風化がすすんだほかにも、とくにプラスチックやアルミニウムなどで作られた安い工業品が出回ってきたことから、その市場がまたたくまに細ってきて、かなりにのぼる事業所や職人が廃業したり休業したりしなくてはならなくなってきた。それが、こんどは二〇〇〇年あたりから、職人たちの手作りによるその高い品質と伝統的・工芸的・文化的な価値があらためて見直されてきて、かなり高価ではあるものの、それなりの市場を保てるようになってきている。なかには、これも国内を飛び出して、海外にまでその市場を広げつつあることも珍しくない。

たとえば、オバマ前米大統領の夫人であるミシェル氏が着ていたカーディガンの糸を作っていたことで知られるようになった、寒河江市の佐藤繊維（株）がそうであり、今では、そのニット市場がグローバルな広がりを手にしつつある。また、レーガン元米大統領の就任式にかかわって納められた漆器のペンデスクで有名になったが、漆をアクセサリーや工業製品にも使うことでヨーロッパをはじめとして世界に知られるようになっている、会津若松市の（株）坂本乙三商店も、同じような成功例である。さらに、秋田の川連漆器について言えば、まだわずかなケースとはいえ、海外のアーティストとコラボレーションをしたり、海外からの仕事を引き受けたりするケースも出てきている。このほかにも、山形鋳物や岩手の南部鉄器などは、おしゃれなティーポットなどとして、国内だけでなく、ヨーロッパをはじめとする海外にまでその市場を伸ばしつつある。

こうして、もともとは地方の地場産業のひとつにすぎなかった伝統工芸品が、海外の見本市に出展して国外にまで販路を広げようとしたり、あるいは、それをとおしてグローバルな市場をゲットするようになったりした例は、そんなに珍しいことではない。ここで記したのは、あくまでも東北のいくつかの例についてだけである。しかし、関税の高さや商慣習のちがいといったきついハードルがあるとはいえ、そのほかにも、今日、日本の各地に生きながらえてきたさまざまな伝統工芸品のなかには、グローバルな市場進出を果たせそうなものが少なくない。

しかも、こうした伝統工芸品の産地には、生き残りをかけたシビアな競争のなかで、古くからの匠を引きついできた地元の職人たちのほかにも、いったんは都会に暮らして別な職に就いていた子弟たちが、地元にユータウンしてきて職人として家業を継いだり、あるいは、地元とはほとんど縁もゆかりもない若い人たちが、職人の見習いとして産地の外から弟子入りしてきたりするケースも、そんなに珍しいことではなくなっている。たとえば、石川の輪島塗では、すでに国の内外にまで知られるようになっている(有)ぬりものの、赤木明登氏がその好例である。もともとは東京の大学を出てから出版社に勤めていた氏が、輪島の地に移ってきて弟子入りし、それからジグザグしながらも一人前の塗師屋(ぬしや)になるまでの道のりについては、『塗師物語』(二〇〇六年)などをはじめとする氏の著作に回したい。

さらには、伝統工芸品をはじめとする地方の地場産業のなかには、もともとあったその地ならではの資源をさらに純化させつつ、いわゆる「原点回帰」をめざそうとするケースも多い。

たとえば、世界にも稀であるその「研ぎ出し」の技法で名を馳せている弘前の津軽塗は、その江戸期のさまざまな図柄をよみがえらせて、それを、おしゃれで今日的なデザインへと生かしている。また、岩手の浄法寺塗のなかの「滴生舎」は、そこが国産漆の一大産地でもあるという利点を生かして、下地から上塗りまでのすべてに地元の漆だけを使うという「原点回帰」を目玉にして、その市場を伸ばしている。また、「食」について言えば、すでに記した白石温麺の（株）きちみ製麺では、小麦をはじめとした原料から包装（白石和紙）までのすべてについて地元の材料にこだわって、やや高価ではあっても、その「原点回帰」を大きな付加価値にしようとしている商品も送り出している。ほかにも、似たような例は、たくさんある。

高橋英博「グローバリゼーションと日本の地場産業」（地域社会学講座２『グローバリゼーション／ポスト・モダンと地域社会』二〇〇六年）にも記しておいたが、このように、今、地方に生きながらえてきた伝統工芸品をはじめとした地場産業の価値が、あらためて高く評価されつつある。それは、もともとは、人々の「生産と共同」の体系を支えるためになくてはならない食材であり生活材であり道具や民具であったものである。それが、今、地域の内側へと注がれる「まなざし」をきっかけとして、あたらしい分業のネットワークのなかによみがえりつつある。そこには、先に記したコミュニティビジネスと同じように、地域の内側への、たしかな「まなざし」が注がれている。そして、その「まなざし」を土台にしてリニューアルされてきた地場産業によって地方の活性化を図るとともに、グローバルな市場開拓にもチャレンジしつつある。

そしてまた、こうしたあたらしい動きの担い手になっているのは、もともと地元に暮らしてきた人たちのほかにも、すでにみたように、いったん地元の外に出て暮らしてから地元にユータウンしてきたり、あるいは、はじめから地域の外から移り住んできたりする人たちも多い。そこには、かつての地場産業が、たとえば問屋制家内工業やマニュファクチュアのもとで、どちらかというと地域の内側に閉じていたのに比べると、今日の地域への「まなざし」は、地域の外にも開かれたものになっている。そしてそのことが、地場産業をとりまく人たちの内外に広がるネットワークをかたちづくるとともに、それが、地域の活性化にもつながっている。

さらには、行政による地場産業にたいする支援メニューも、こうした地域への「まなざし」の広がりを支えている。たとえば、中央省庁のほかに自治体でも、伝統工芸品の職人をあらたに養成するための事業補助をしているし、同じように、一次産業への新規就業を促したり支援したりするための制度もある。そして、これらを利用して、その地に移り住んでくる若い人たちも、たくさん出てきている。そして、マスコミもまた、そうした人たちの仕事とその暮らしぶりについて報じることが多くなってきている。

だからといって、こうした新規就業への道は、けっして楽なものではない。しかし、とくに若い人たちのあいだに広がってきている地域圏への「まなざし」と、それを体現させようというエネルギーには、これからの地域圏のあり方とその担い手を探るうえで、たくさんの注目すべきところがあるといえよう。

四　地産地消・郷土料理・地域エネルギー自給

これまで記してきたコミュニティビジネスや地場産業のあらたな再生のほかにも、地域圏の内側への「まなざし」には、いろいろな広がりをみてとることができる。

たとえば、ひとつには地産地消の動きである。ここには、「地元で生産されたものを地元で消費する」というのみならず、人々がもっている健康や環境や食文化への「まなざし」とともに、安全で安心な食材を生み出す地域への「まなざし」や、そこで働く生産者たちへの「まなざし」が注がれている。それは、地産地消の動きが、たんなる消費というのみならず、消費者と地域、そしてそこの生産者たちとの交流や共感を大切にしようとしていることにもうかがいとれよう。

「食」について言うならば、このほかにも、昔から伝えられてきたその地ならではの食材や調理にもとづいた郷土料理の再生やそれを土台にした地域おこしの動き、また、B級ご当地グルメの創作とその発信などの動きも大きくなってきている。そして「食」をめぐるこれらのあたらしい動きは、あちこちに広がってきたご当地マラソン大会や

「街コン」などといった集客イベントとタイアップしながら、地域の「にぎわいづくり」の目玉となっていることも多い。

また、二〇一一年の東日本大震災をきっかけにして広がってきた再生可能エネルギーを活かして、地域のなかでエネルギーの自給をめざそうとする動きも広がっている。

たとえば、ここ日本では水が豊かであるという国土の利点を活かして、大きな河川のみならず、小さな川や用水路や農業用水路などを使った小水力やマイクロ水力といったプチ発電が注目されつつある。そのほかにも、太陽光（熱）や風力はもちろん、まだ手さぐりではあるものの、地熱や雪氷熱やバイオマスの利用といった地域発電のさまざまな手法が試みられている。このところ、地域におけるこうしたプチ発電にたいする中央省庁や自治体による補助も始まってきている。

しかし、発電量に比べるとやや高くつく設置コストやメンテナンスコストなどもあって、こうした動きは、なかなかすんなりと広がってはいない。とはいえ、周波数を一定に保つためのＩＴテクノロジーなどを活用しながら、たとえばたくさんの小水力発電をひとつにまとめて効率を上げ、それによって収益を高めていくことが試みられているなど、地域におけるエネルギー自給に向けての動きがもつ可能性には、けっして小さくないものがある。

さて、これまで、地域圏への開かれた「まなざし」にもとづくさまざまな動きについて具体的にみてきた。それでは、こうした動きは、「生産と共同」の体系の中身と、その単位をめぐるこれからのあり方、そしてまた、それを支える分業のこれからのあり方という視点からみたとき、はたして、どのような意味をもっているのだろうか。そして、そこには、これから先、どのような「個人」を、そしてどのような「社会」を意図していくのか、そしてまた、その「個人と社会」との関係の行方をイメージしていくにあたっての、どのようなヒントが埋もれているのだろうか。つぎの七章で、そのことについて考えてみることにしたい。

七章　「再内部化志向社会」への道のりと「省み作る個人」

——「別の」分業ネットワークへの胎動——

一　地域圏への「生産と共同」の体系の意図された再内部化

地域圏への「生産と共同」の体系の再内部化

六章において、地域の内側への「まなざし」が注がれているさまざまな動きについて、具体的にみてきた。行政がこの「まなざし」の大切さをアピールしたり、そして、それを具現する施策を打ち出したりしていることもあって、そのときの「地域」というのは、とりわけ、市や町という自治体であることが多い。それは、どちらかというと中心から遠い地方にあって、かつての村落（ムラ）や町（チョウ）という小さめの地域集団というよりは、むしろ中広域の地域圏（郷土圏）の大きさにちかい。

さて、こうした地域の内側への「まなざし」を土台にしているさまざまな動きから分かるのは、これらのほとんどは、かつて、地域圏もしくは地域集団が内部化させていた「生産と共同」の体系のなかのいずれかである、ということである。それらは、もっと念を入れていえば、それが実在か潜在かにかかわらず、戦前からここしばらく前までのあいだにあって、「生産と共同」の体系を地域圏において支えていた分業の体系のなかのいずれかであることが多い。

たとえば、コミュニティビジネスの対象となっているテーマや事業のほとんどは、ここしばらくのところ、市場や公的サービスのネットワークに乗っていなかったり、あるいは、そこから漏れていたり外れていたりしていたものである。しかし、それらの多くは、かつては、それぞれの地域のなかに内部化されていた「生産と共同」の体系のなかのなにがしかの部分や役割を果たしていたものであるとみなすことができる。たとえば、先に記しておいた規格外の野菜（ザッパ）や水産物（ザッパもしくはアラ）などは、その地の郷土食には欠かせない食材であったし、また、クマやイノシシといった害獣への対応や処理――マタギ――などは、かつての地域圏においては、そこに内部化されていた「生産と共同」の体系を支える社会的な分業のなかで、なくてはならない一角を占めていたものだといってよかろう。

そのほか、生活支援や地域再生にまつわるビジネスのテーマや対象についても、そのほとんどは、かつて、「生産と共同」の体系が地域圏もしくは地域集団のなかに内部化されていた状況において、人々の日々の暮らしを支えるにあたっては、なくてはならないものであったといえよう。

たとえば、年寄りや子どもの世話のほか、家事や就業などをめぐる互いの助け合いは、かつては、職業のひとつとして分業のネットワークのなかには組みこまれていなかったものである。しかし、そうした助け合いは、人々によるそれなりの工夫と知恵をもって、かつての地域圏もしくは地域集団のなかで、たとえ未分化で非専門的なものであったとしても、さまざまな仕組みのもとで、それなりの効果を上げていたものである。それは、二章や三章ですでに記したように、有賀喜左衛門のいう「生活保障の体系」としての同族団（ムラ）の事例のなかにもみてとれよう。都市部においては、町内がそうした対応をとっていた単位であったのは言うまでもない。

さらには、商店街の活性化や空き家の活用、あるいは、地域に埋もれて気づかれないでいる歴史や文化の発掘やそれを活かした「にぎわい」の創出というビジネスシーズにしてみても、それらは、長いこと「生産と共同」の体系が地域圏もしくは地域集団のなかに内部化されていたころにおいては、大なり小なり、そこにあって欠かすことができないなにがしかの役割を果たしていたものである。久しく前からそれらが衰えてきたなかにあって、それらのなかのあるものが、このところ、地域への「まなざし」が注がれるなかで、先に記してきたようなコミュニティビジネスというかたちをとって、あたらしい分業の社会的なネットワークのなかに、あらためて編みこまれようとしている。

このようにみてくると、今日のコミュニティビジネスは、実在と潜在とにかかわらず、かつては地域圏もしくは地域集団のなかに内部化されていた「生産と共同」の体系のなかのなにがしかについて、それを再び今日の社会的な分業のネットワークのなかによみがえらせたり、編みこみなおそうとしたりしている、いわば地域への再内部化の試みであるといえよう。言いかえれば、たとえそれが人々の暮らしにとって大切なものであったとしても、コストや採算や効率や効果、そしてまたその担い手などといった制約のために地域のなかの「生産と共同」の体系から外されてしまったり、もしくは消えてしまったり、あるいは埋もれたりしていたなにがしかの部分について、それを再び、地域のなかに作りなおしていったり、あるいは、あらたに作っていこうとしたりする、これも再内部化の試みであるとみなすことができる。

このところの地産地消の動きについても、その保冷や運送がままならなかった一昔前ならば、肉や魚や野菜のほとんどは、もともと地産地消であるほかなかったといえよう。つまり、かつての限られた流通や消費のもとでは、一次産品のほとんどは、もともと、「地元で生産されたものを地元で消費する」しかなかった、つまりは、地元に内部化されてあるしかなかったものである。それが、今日、経済レベルにおいての活性化という文脈だけではなくて、すでに記したように、地域の内側への「まなざし」を体現する動きのひとつとして注目を浴びている。

また、いつのまにか忘れ去られて消えかけてきていた郷土料理や、その食材や調理法についても、同じようなことが言えよう。つまり、各地の郷土料理は、それぞれの自然や風土や歴史や文化に根ざしたものである。そして、その「食」をとおして、その土地ならではの「生産と共同」の体系の一部を体現するとともに、そこに含まれる人々の管理や運営の体系、知や情報の体系、表出や表象の体系をも体現してきたものといえる。今日、そうした郷土料理が、地域圏においてあらためて見直されるとともに、そのあらたな再生がなされつつある。これらは、かつて、地域圏もしくは地域集団のなかに内部化されていた人々による「生産と共同」の体系と、それを支えてきた分業体系のなかの一部であるとともにそこで大きな役割を果たしてきた「食」が、ここにきて、今、あらためて地域圏もしくは地域集団のなかに再内部化されつつある動きとして捉えかえすことができよう。

また、いったんはしばらく廃れてきていたにしても、また息を吹返してきている道具や用具や生活材である伝統工芸品についても、これと同じようなことが言える。

たとえば、漆器であれ焼き物であれ、あるいは織維や織物であれ、また、木工品であれ鋳物であれ、それらは、もともとは、人々の生産や暮らしを支える生活材であり道具や民具だったものである。つまり、それらは、その地を飛び出してやや広めの流通圏をもっていたものもあったにせよ、そのほとんどは、人々が作り出してきた「生産と共同」の体系のやや広めの単位としての地域圏のなかに内部化されてきたものである。それが、今日、その地ならではの伝統的・工芸的・文化的な価値が見直されるとともに、そのあらたな掘り起こしや再生がなされつつある。これもまた、地域圏というかつての「生産と共同」の体系の単位集団のなかに、今日、伝統工芸品の再評価というかたちをとりながら、かつての「生産と共同」の体系を支えていた生活材や道具などが再内部化されつつある動きとして捉えかえすことができよう。

さらには、地域電力にいたっては、ここ東北ならば、たとえば盛岡電気や仙台電灯や猪苗代水力電気などといったように、もともとはそんなに広くはないエリアのなかにあって、その電力を自給していたものである。再生エネルギーを活かした今日のプチ発電の動きは、まだまだエネルギーの地域自給にはほど遠いものの、これもまた、エネルギー供給の地域圏への再内部化への試みとして捉えることができよう。

そのほか、たとえば地方新聞についても、これと似たようなことが言えるかもしれない。ここ東北では、たとえば青森県に、東奥日報、陸奥新報、デーリー東北という三つの日刊紙がある。それぞれの購読エリアは県内に広がっているものの、それぞれ、青森市と弘前市と八戸市を主なエリアとしている。青森県のほかにも、各地には、このような地方新聞が、たくさんある。これも、人々がもちつづけてきた地域への「まなざし」が保たれているということの、ひとつの表れかもしれない。今日、その再生や掘り起しといった動きにはなっていないものの、そんなに遠くない先には、かつては地域圏ごとにあったものの、今ではとっくになくなってしまった小さな新聞や雑誌などが、何かのきっかけであらためて復活されてくるということがあるかもしれない。

こうして、かつては地域圏のなかに内部化されていた「生産と共同」の体系と、そこに溶けこんでいた組織の管理や運営の体系、そして知や情報の体系、そしてまた表出や表象の体系、そしてまた、それらの体系を支えていた分業の社会的なネットワークのいずれかが、今、あらためて地域圏のなかに再内部化されようとしている。

ところで、こうした、さまざまなかたちをとって具体化している地域への「まなざし」は、いわゆる内発型の地域振興という流れのなかに位置づけることができる。なぜならば、地方の立場からすると、一九六〇年ころからの外来型の地域振興の歩みは、せっかく地元に誘致した工場や事業所が撤退したり縮小したりするなど、とくに二〇〇〇年ころから、グローバリゼーションにともなう地域経済の空洞化という苦い薬を飲まされつづけてきたからである。しかし、そのすべてではないにしても、内発型の地域振興のなかには、それとあわせて、じつは、右に記してきたような、「生産と共同」の体系のなにがしかが地域圏へと再内部化されようとしているという意味がかなり溶けこんでいることを見すごしてはなるまい。

ところで、二〇〇〇年ころから広がってきた、この地域への「まなざし」を土台にした「再内部化」のさまざまな動きは、「いつのまにか」、そして、「なんとなく」そうなってきたということではない。なぜならば、こうした「再内部化」の動きがなければ、それらは、市場や公的サービスへとかたちを変えながら外部化されたきりになったまま地域圏のなかから消えていたり、あるいは、地域のなかに埋もれたまま気づかれないでいたりしたものかもしれないからである。こうしたことからすると、この地域への「まなざし」を土台にしている右にみてきたような「再内部化」の動きは、かなりのところまで、まさしく意図的なものだといってよい。

必然としての閉じた地域内部化から開かれた意図的な地域再内部化へ

さて、こうした地域圏への「再内部化」の動きは、この本の一章からみてきたような、ここ日本における戦前からの「生産と共同」の体系の中身とその変化、そしてまた、その体系の単位の変化という見方からすると、いったい、どのような意味をもっているのだろうか。

まず、戦前から一九六〇年あたりまでの、地域圏そして地域集団に内部化された「生産と共同」の体系について言えば、それは、すでに一章や二章で記したように、ほとんどのところ、それぞれの単位集団のなかに小さく閉じるかたちで内部化されてあるしかなかった。つまり、それは、生産力がかなり低い条件のもとにあっては、いわば、宿命もしくは必然としての体系であったといってよい。

つぎに、その内部化された「生産と共同」の体系の単位集団から、そしてさらには、「わたし」の内側からも「外部化」されたところに成り立つ市場や公的サービスの広大な分業のネットワークについて言えば、それは、人々の手がはるかに及ばない、いわば間接的もしくは断片的かつ一時的な自立（＝物象）体系としての色合いが目立っていた。これについても、とりわけ四章、そして五章において記したとおりである。そして、「生産と共同」の体系のこれらの三つのあり方のなかには、それぞれに対応する管理と運営の体系や、知と情報の体系や表出と表象の体系が溶けこんでいて、それらは、ともに広大な分業の社会的なネットワークのなかに編みこまれている。これについても、すでに記したとおりである。

ここで、人々がこれまで作り出してきたこれら三つの「生産と共同」の体系のあり方とそれを支える分業の社会的な体系にたいして、すでに記してきたような、地域圏の内側へとあらためて再内部化されつつある「生産と共同」の体系を比べてみると、そこには、地域の内側へと注がれる人々の主体的かつ選択的な「まなざし」という意図が、はっきりしている。

つまり、それは、地域圏にもともと備わっていたその地ならではの固有性もしくは「場所の個性」(高橋英博『グローバル経済と東北の工業社会――場所の思想・場所への意図・場所の個性』二〇〇四年)を戦略的に掘り起こして内外にアピールするとともに、それを地域の活性化へとつなげようとする営みだからである。そこには、そもそも、そうしたはっきりとした地域振興にかかわる主体的な意図が所与とされている。それは、「生産と共同」の体系が社会的分業の広大な体系へと外部化されていくのにつれて空洞化したり均質化してきたりした、かつてはその地に根づいていた、その地ならではの固有性を「したたか」に新生させようとする、まさしく意図的な試みであるともいえよう。

このとき、みてきたような地域への「まなざし」とそれを土台にした地域圏への「再内部化」の動きは、時と場合によっては、いわば、グローバルな視点からなされることも多い。つまり、海外へのアピールを企てようとするならば、その地ならではの固有性を、国内はもちろんのこと、どのようにしたらグローバルレベルにおいて通用させていくことができるかという視点が欠かせなくなる。それは、しばらく前から言われているところの「グローカル」な視点と言いかえてよいかもしれない。しかし、それは、その地ならではの固有性をウリにした市場ネットワークをグローバルなところまで伸ばしていくものであったとしても、その「まなざし」は、やはり地域の内側へと注ぎ保たれたものであることは、すでに記したとおりである。

それとともに、この地域圏への「再内部化」の動きのなかには、これまで、まずは地域圏のなかから、そしてつぎには共同体もしくは共同集団のなかから、さらには「わたし」たちのなかから、ひたすら外部化されつづけてきた「生産と共同」の体系そのもののあり方を相対化したり、それを、やや冷めたところから批判的に見つめなおそうとしたりする意図も含まれている。

しかし、このような批判的な意図が溶けこんでいるにしても、この「再内部化」の動きそのものも、じつは、「生産と共同」の体系の広大なまでの外部化ネットワークのなかから生じてきたものである。また、このような「再内部化」の動きが、右の「外部化」のネットワークとは「別の」価値体系を含んでいるとしても、それは、「外部化」のネットワークの存在を所与としたものであって、外部化体系そのものを否定するものではない。「生産と共同」の体系、そしてそれを支える分業の社会的なネットワークがグローバルなレベルにまでふくらみきっている今日、その体系のなにがしかが地域圏へと再内部化されてくるといっても、それが、地域のなかだけに小さく閉じてしまうことは、ありえないからである。

こうして、今日、「生産と共同」の体系、そしてそれを支える分業の社会的なネットワークのなかのいずれかをあらためて地域圏のなかに再内部化させていこうとする営みは、このように互いに背反する方向をはらませながらも、それぞれが、そのテーマや対象や手法ごとに棲み分けするような動きとして、わたしたちの目の前に現れつつある。

開かれた意図的な地域再内部化の担い手

さらにまた、こうした「再内部化」の担い手についてみるとき、それは、すでに記したように、地域圏や共同体もしくは共同集団のなかに小さく閉じていくものではなく、その外へと大きく開かれたものである。つまり、外からの参加や参入のみならず、外からのその都度の参加や支援が、直の人と人とのつながりや協同や協力のみならず、人脈をはじめとする内外のネットワークを介して地域の外へも開かれている。つまり、地域圏への「まなざし」やそれを土台にした「再内部化」の動きは、まさに地域の外へも開かれた意図的な力のもとに広がりつつある。しかも、この意図された地域圏再内部化のプロセスにおいて、そこには、それに対応した管理と運営の体系や、知と情報の体系や表出と表象の体系があらたに息吹きつつあるといってよい。

このように、ここ日本における、とくに二〇〇〇年代に入ってからの地域圏の動きを見わたしてみると、そこには、これまで地域圏、そして共同体もしくは共同集団の内側からまたたくまに外部化の一途をたどってきた「生産と共同」の体系、そしてそれを支えてきた分業の広大なネットワークのなかのなにがしかを、はるか地域の外へも開かれた地域の内側への「まなざし」のもと、それぞれの地域圏へとあらためて意図的に再内部化しようとする流れが生じつつある。

その動きは、それぞれが取り組んでいるテーマや分野や手法や担い手によって、まちまちではある。しかし、この再内部化にかかわっている人たちの多くは、それぞれの理念や目的などとともに、こうしたあたらしいかたちでの、ゆるやかで開かれた直の「生産と共同」の体系、そして、その体系のなかに含まれている、組織の管理や運営の体系、知や情報の体系、そしてまた表出や表象の体系へのなにがしかの志向性もしくは価値観を共有している。

とはいっても、彼ら彼女らがあらたに作りつつある「生産と共同」の体系は、その体系を支える広大な分業のネットワークからすると、まだまだ、ほんのわずかな一角を占めているにすぎない。しかし、彼ら彼女らの営みは、地域の内側への開かれた「まなざし」を共通の土台にしながら、その「まなざし」によって意図された「生産と共同」の体系を、人と人との直の目に見えるかたちをとりながら作りなおしたり作り足したりしていく営みとして括ることができるかもしれない。しかも、それらのいろいろな動きが、その意図ごとの複数のネットワークの連合体としての、いわば地域の外へも開かれた再内部化ネットワークとしての地域圏を作りあげつつある。なぜならば、まだその行く末はけっして定かではないにしても、これらの再内部化の動きのいくつかに大なり小なりコミットするような個人（キーパースン）が、たくさん現れてきているからである。また、再内部化の広がりと深まりにとって、そうした人たちが果たす役割が、ますます大きくなっているからでもある。

こうした動きのなかには、わたしたちが、これから先、どのような「個人」を、そしてどのような「社会」を意図していくのか、そしてまた、その「個人と社会」との関係の行方をどのようにイメージしていくのか、そのさいのヒントが埋もれているかもしれない。つぎに、このことについて考えてみることにしたい。

二　意図された地域再内部化体系における個人と社会

地域再内部化体系から広がる分業ネットワークとしての「再内部化志向社会」

こうしてみてくると、大都市というよりは、とくに地方において、今日、人々が作りあげてきたこれまでの「生産と共同」の体系とそれを支えている分業の広大なネットワークのなかに、地域再内部化の動きを土台にしたあたらしい分業のネットワークが作られつつある。それは、今のところ、まだわずかな兆しでしかないかもしれない。とはいえ、それは、市場と公的サービスの広大な分業ネットワークによって支えられてきた「生産と共同」の体系の外部化のネットワークとしての「共同体外部化社会」（四章）に比べると、それを所与としながらも、それとは理念や目的がまるで「別の」価値にもとづいた分業とそのネットワークであるということができる。

こうして、ここ日本において、かつての共同体や共同集団のなかに内部化されていた「生産と共同」の体系が、市場と公的サービスへと外部化された先にある社会的な分業のネットワークとして、国内はおろかグローバルレベルにまで、そして宇宙にまで飛び出しているなかにあって、それとはちがった価値にもとづいたあらたな分業のネットワークが、あちこちの地域圏を震央としながら広がりつつある。それは、その規模や役割からすると、人々が作りあげてきたこれまでの「生産と共同」の体系の外部化ネットワークから比べれば、月とスッポンどころではないような隔たりがある。

しかし、二〇〇〇年あたりから目立ってきたこうしたあたらしい分業とそのネットワークは、これまでの「外部化」ネットワークを所与としながらも、今のところ、それと互いに補いあっているといえそうである。

なぜならば、一つめには、あたらしい分業とそのネットワークは、コストや効率や効果や担い手などの制約からして、資本や国家がリードしてきたこれまでの「外部化」ネットワークによってはカバーできない「スキマ」を担っているからである。そしてこの「スキマ」は、「大きな政府」の見直しや「自己責任」の台頭のほか、また格差の広がりなどもあって、これから、小さくなることはなくても、ますます大きく、そして深くなりそうである。そして二つめには、このあたらしい「再内部化」体系を支える分業のネットワークは、すでにできあがってきている「外部化」のネットワークを所与として、またそれに乗ることによってはじめて成り立っているからでもある。

こうして、あちこちの地域圏に生じつつある「生産と共同」の体系のなにがしかの意図された地域再内部化とそれを支える分業のネットワークは、今のところ、まだまだ小さなものでしかないかもしれない。しかしそれは、これまでの「外部化」のネットワークを土台にした、ここ日本における「地域圏外部化社会」と「共同体外部化社会」と「人間外部化社会」のなかに、それを所与としながらも、あたらしい「再内部化志向社会」が息吹きつつあるという見取り図のなかに落としこむことができるかもしれない。

ところで、「生産と共同」の体系のなにがしかについて、それを地域の内側へと注がれる「まなざし」を土台にしつつ地域圏へと再内部化していこうとする動き、そしてその動きを支えるあたらしい分業のネットワークは、すでに記したように、まさしく意図されたものである。そのかぎりにおいて、それは、今日にあって資本と国家がリードする「生産と共同」の体系とそれを支える市場と公的サービスの広大な分業の体系を、その体系が自立してしまってタガが外れ、もはや自走するままにしておくしかないというよりは、それを、これまでとはちがった見地から相対化するとともに、それを、どことなく逆コントロールするような役割を果たしつつあるといえよう。よって、この「再内部化志向社会」のなかには、これまでの「生産と共同」の体系の外部化社会を、なにがしか作り変えていこうとする意図が含まれているものとみなすことができよう。

それは、反資本とか反中央（政府）とまではいかなくても、非資本や非中央とでもいえるようなものである。そして、それは、中央志向というよりは、いわば「（地域）分権」という志向を含んでもいるといえよう。そして、そこには、はるか世界にまで開かれている地域圏の内側への「まなざし」を土台にしたその地に固有の価値、そしてまた、そうした価値を大切にしながら人々が暮らすことがもっている、もうひとつの「別な」幸福価値というものをも溶けこませているのではないだろうか。

たとえば、そのひとつとして、この地域再内部化の動きのなかにあっては、あたらしい分業の体系が、人と人との直の協力や協同や共助、そしてそこからの共感や共鳴によって支えられているところが大きいことがあげられよう。そうした人と人との直のつながりにもとづく「生産と共同」の体系は、それがかつての共同体もしくは共同集団のなかに内部化されていた段階において、よく見られたものである。それは、すでに記したように、K・マルクスによって「人格的依存関係」と言われたものである。しかし、それは、同じマルクスによって「物象的依存関係」と称されたような、市場と公的サービスへと「外部化」された「生産と共同」の体系によって消し去られてきた、もしくは消えかけているものでもある。それが、ここにきて、あらためて見直されつつ、あらたな再内部化体系のなかになくてはならない因子として編みこまれようとしている。

「再内部化志向社会」と「別の」社会

こうして、ここ日本においては、二〇〇〇年あたりから、まさに地方において、意図された地域再内部化の単位としての開かれた地域圏が、あちこちに作られつつある。それらの地域圏は、互いに閉じたものではなくて、そこには、それぞれの地域の外へも開かれた「まなざし」が貫いている。そしてまた、それらの「まなざし」を共有する人たちはもちろんのこと、彼らを支えたり助けたりする人たちや団体などによるネットワークが全国にまで広がってきている。そして、そうした人たちや団体だけではなくて、ますますハイテクになっていくITや情報ネットワークなどがまた、そうしたそれぞれの地域圏再内部化の動きそのものを支えて広げていくインフラのような役回りを果たしつつある。この本でこれまでみてきたように、それぞれの時空にあっての分業とそのネットワークのあり方こそが、まさに社会とそのあり方の土台であることからするならば、今、ここ日本において、あちこちの地域圏を震央として、あたらしい「別の」社会が互いに共振しながら広がりつつあるということになる。

ところで、グローバリゼーションがかなりのところまですすんでいる今日、人々が作りあげている「生産と共同」の体系が市場と公的サービスへの広大な外部化ネットワークによって支えられていることがもっている限界もまた、はっきりしてきている。

早くには、一九七二年に出されたローマクラブによる「成長の限界」がある。しかし、今や、たとえばエネルギーも含めた資源リスク、経済活動が及ぼす環境リスクやそこから派生する食料リスク、とてつもなく巨大な事故や災害のリスク、過激なテロのリスク、「政府の失敗」と社会保障リスク、そして、とくに第三世界での争乱リスクなど、人々にとって、状況はますます危ういものになっている。そして、はるか遠い地で生じたさまざまな厄介ごとが、またたくまに、世界各地の経済や暮らしを損なってしまうようになっている。

こうして、今日における人々は、グローバルレベルでの「リスク社会」のなかに生きている（ウルリヒ・ベック

『危険社会』邦訳　一九九八年）。この「リスク社会」の到来は、もちろん、人々が作りあげている「生産と共同」の体系とそれを支える市場や公的サービスの広大な分業ネットワークが、もはやグローバルレベルにまで広がっていることの裏返しでもある。

よって、これから先、これまで人々が作りあげてきた市場と公的サービスとの広大な分業ネットワークによって支えられている「生産と共同」の体系をこのまま保っていくことは、そうそうたやすいことではない。それは、はっきりと声にしないまでも、じつは、今を生きている人たちのほとんどが感じていることではないだろうか。

かつて、長きにわたる中近世ののちに、近代社会へとつながる扉が開いたのは、大まかには、ヨーロッパで起きた産業革命と市民革命とがきっかけであった。そしてここ日本では、幕末における黒船の来航をきっかけとする明治維新、そしてまた、太平洋戦争の敗戦が、それにあたるかもしれない。あるいは、もっと先のことを見やれば、このごろよく取りざたされるような、ＡＩやＡＩロボットなどにみられる知能革命が、そのようなきっかけとなるかもしれない。

いずれにしても、古今東西、なにがしかの「生産と共同」の体系がかなりの変化を迫られるのは、すべてではないにしても、その「生産と共同」の体系をとりまく内的もしくは外的な変化がそのきっかけであったといってよい。そして、それらのきっかけが、あたかもセミの幼虫が長いこと土の下で暮らしてから羽化するのと同じように、それまでの「生産と共同」の体系の内側で長いこと育まれてきた「別のあり方」を開花させることになるのである。このとき、肝心なのは、その「別のあり方」がどのように用意されてあるかどうかということである。

たとえば、先進ヨーロッパにあっては、かつてＭ・ウェーバーが見て取ったように、十六世紀からのピューリタンやユグノーたちがもっていた「プロテスタントの倫理」に由来する、それまでとは「別の」、いわゆる「禁欲的合理主義」にもとづいた「合理的」な経済活動が、そうであったろう。そしてまた、身近なところに共に生きている生身の誰かに向けられるのとはちがったかたちで現れてくるところの、「隣人愛」がもっている「非人間性」もまた、その「別の」分業のあり方を用意する主体的な要件であったというのは、よく知られていることである。そこには、ウェーバー自身がはっきりと記してはいないにせよ、「インダストリアル（industrial）」な人たちのそうした経済活動によって取り結ばれていた、当時にあってはまださやかであったとしても、それまでとはまったく「別の」分業のあり方や人と人とのネットワークのあり方が、あたかも土の下に眠るセミの幼虫のように、しっかりと用意されていたともいえよう。

ダイバーシティ（diversity）がことさらに喧伝されるここ日本において、今を生きるわたしたちは、はたして、このような意味での「別の」「生産と共同」の体系や、その土台にある価値を育んでいるだろうか。これまで右に記してきたような、広く地域の外へも開かれた、地域への「まなざし」を土台にする意図された地域圏再内部化の動きとそれを支えるあらたな分業のネットワークは、たとえささやかではあっても、そのひとつの回答らしきものになっているといえるのではなかろうか。

三　あたらしい分業ネットワークの担い手としての「省み作る個人」

「別の」社会への担い手

ところで、これまで記してきたような、あたらしい分業の体系としての「再内部化志向社会」は、いったい、どのような人たちによって作られようとしているのだろうか。ここでは、そのことについてみてみることにしたい。

ここ日本においては、とくに三章と四章で記したように、戦後、とくに一九六〇年あたりから、「生産と共同」の体系の広大な外部化ネットワークと、そこから浮上してきた、たくさんの個人とが生み出されてきた。そして、そうした個人たちの少なからずが、とくに二〇〇〇年あたりから、それまでの地域（ムラやチョウナイ）という共同体のみならず、家族や職場（「第二のムラ」）という共同集団からも、かなりのところまで切り離されてきている。そして、五章でも記したように、たくさんの人たちが、「わたし」のなかから市場のネットワークへと外部化された「わたしらしさ」の表出のきっかけを消費しながら、いわゆる「主体の危機」と隣り合わせの「わたし（らしさ）」を表出している。

こうして、人々は、かつての共同体や共同集団から切り離されてきて、いわば丸裸のまま、「生産と共同」の体系の広大な外部化ネットワークのなかのなにがしかの役割を断片的にかつ一時的に担いながら、それぞれが置かれた階層と、そこから派生するソーシャルキャピタルに応じたそれぞれのネットワークという「生活世界」を生きている。そしてまた、その消費という営みにおいて、大なり小なり、それぞれの「わたし消費」にコミットしながら、それぞれの「わたしらしさ」を生きている。

しかし、今、ここ日本において、マクロでやや長いスパンで見るならば、戦後からのごく短いあいだにたどりついたこうした個人を中継ぎにして、「生産と共同」の体系のなにがしかの地域圏再内部化を土台にしたあらたな分業や「つながり」のネットワークが、ここかしこに芽を吹きつつある。すでに記したように、それはかなりのところまで意図的な営みであるかぎりにおいて、その担い手は、まさしく外部化された「生産と共同」の体系を所与としながらも、それに主体的に働きかけて、あたらしい価値にもとづいた分業のネットワークを広げつつある。

しかも、彼らは、村落（ムラ）をはじめとするかつての共同体において、共同体の論理になびいたり、それを容認したりせざるをえなかったような生き方はしていない。そしてまた、広大な「外部化」のネットワークによって支えられる今日の「生産と共同」の体系への、たんなる疑義や異議の担い手にとどまっているだけでもない。そうではなくて、彼ら彼女らは、ちゃんとした価値や志向をもちながら、じっさいに、これまでになかったような分業の体系を作り出しつつある実践の主体として、みずからの日々を暮そうとしている。

また、そうしたあたらしい分業の担い手たちは、「生産と共同」の体系が共同体や共同集団から市場や公的サービスの広大な分業ネットワークへと外部化されるとともに、かつての共同体や共同集団から否応なく切り離されて浮上してきた、ここ日本における、いわば「強いられた個人」でもない。そうではなくて、その段階をふまえて、グローバルな広がりをもっている「外部化」の体系のもとでのあたらしい「再内部化」の体系、つまりは、これまでとは「別の」あらたな社会を、まさに、意図的かつ主体的に生み出そうとしている人たちでもある。

こうして、今、あまり買いかぶってもいけないが、あちこちの地域圏において、これまでとは「別の」価値にもとづいた、これまでとは「別の」分業のネットワーク、ひいては、「別の」社会をじっさいに生み出そうとする個人たちが立ち上ってきている。

しかも、そのとき、彼らの営みには、すでに記したように、地域の外へも開かれた、地域への「まなざし」を大切にするとともに、それをグローバルな視点でもって国の内外に発信しようとする、いわば「グローカル」な価値意識が溶けこんでいる。それとともに、そこには、右にみてきたようなあたらしい分業のネットワークにもとづく社会を、その担い手たちによる互いの協同や協力や共助や共感など、つまりは、直の「つながり」を大切にするなかで、互いに対等な自立をめざしながら作りあげようとする志向が息づいている。そのときの直の「つながり」の内容は、かつて生産力がかなり低かったときのような、そうせざるをえないとか、そうするよりほかない、というような必然や宿命といったものではない。

今日、この地域再内部化の動きを担う人たちにとって、そうした直の「つながり」は、みずからがそれをすすんで選びとっているという主体的なものである。そして、そこには、ハバーマスの「コミュニケーション的行為」からヒントをもらった佐藤慶幸『生活世界と対話の理論』（一九九一年）のいう、互いの「対話」や「共感」を大切にする

「共生社会」に向けた「つながり」が溶けこんでいるともいえよう。それは、宇宙にまで飛び出すようになった巨大な「外部化」のネットワークのなかに浮かんでいるところの人と人とのコミュニケーションネットワークから成り立っている「生活世界」の視座から、それを「植民地化」しようとしてきた「システム世界」(=外部化体系)をあらためて省みるという「批判的」な営みをあわせもっている。そしてその営みは、これまでの「外部化」のネットワークにたいする疑義や異議、とりわけここ日本において、「カネ・カネ・カネ」が大手を振って歩いているこの世のあり方への懐疑にもとづいているのは言うまでもない。

社会運動としての地域再内部化と「省み作る個人」

ところで、ここ日本においては、戦後についてみるだけでも、一九五〇年代から七〇年代にかけての労働運動や学生運動、そして、六〇年代から七〇年代にかけての住民運動、そして、八〇年代のいわゆるあたらしい社会運動などがつづいてきた。それぞれが、目の前の現状にたいする異議や懐疑や怒りにもとづいて、それぞれのテーマや手法のもとで、要求や反対や反抗や提案や異議申し立て、そしてまた、その実力行使やそのための学習を積み重ねてきている。

ここは、そのそれぞれについて、くわしく述べるところではない。しかし、それぞれの運動とその担い手たちは、当時の社会にたいして、そしてまた、それからあとの社会のあり方にたいしても、大きな役割とその影響を及ぼしてきているのはたしかである。つまり、それは、市場や公的サービスによる広大な分業のネットワークへと外部化された今日の「生産と共同」の体系のあり方がもっているひずみや矛盾に矛先を向けながら、その改善や修正を求めるとともに、それによって、そのなにがしかの成果を積み重ねてきたといえる。

しかし、それを別な見方からやや逆説的に言えば、これらの社会運動は、あくまでも結果としてではあるものの、まだまだ不備や矛盾はなくなってはいないものの、右の「外部化」のネットワークに支えられている資本と国家がリードする今日の「生産と共同」の体系のあり方を、じつは、みずからの運動をとおして、より堅牢なものへとレベルアップさせることに大きく寄与してきたということになる。

つまるところ、これらの社会運動は、あたらしい価値（観）を提起してその大切さを広げようとはしたものの、しかし、そもそも、かならずしもあらたな価値にもとづくあたらしい分業とそのネットワークのあり方そのものをかたちづくることを主な狙いにはしてこなかった。そしてまた、じっさいのところ、これらの運動によって、なにがしかのあたらしい分業とそのネットワークがかたちづくられてきたわけではない。

しかし、これらの運動に比べてみると、これまで記してきたような地域の外へも開かれた、地域への「まなざし」を土台にしたさまざまな地域再内部化という動きは、たしかに要求や反対や異議申し立てといったこれまでの社会運動にみられるようなスタイルはとっていない。しかし、それらの動きは、それをとおして、あたらしい「別の」分業のネットワークとそのあり方を投げかけるとともに、じっさいに、そのような分業のネットワークを作りあげてきている。

そして今日、他方では、すでに記したように、いわゆる「近代の限界」が、はっきりとしてきている。つまり、この本でこれまで記してきたことに引きつけていうならば、わたしたちの生存や生活に欠かせない要件を、わたしたちみずからが、わたしたちの暮らしの足元から、そしてまた、わたしたちの内側からとことんまで外部化させるという暮らしのあり方がもっている限界が、はっきりとしてきている。あわせて、市場（資本）と公的なサービス（国家）への底なしの「外部化」によって支えられている今日の広大な社会的な分業の体系と、それを土台にした今日の社会のあり方がもっている限界もまた、はっきりとしてきている。

こうしたなかにあって、この章でみてきたような、地域の外へも開かれた、地域の内側に注がれる「まなざし」を土台にしたさまざまな地域再内部化の動きは、ここ日本において、わたしたちの暮らしとその土台を「省み」つつ、これまでとは「別の」暮らし方に向けたあたらしい価値や志向、あるいは、あたらしい「別の」社会に向けた「意図」もしくは「思想」を作り出しつつあるといえるのかもしれない。それは、言いかえれば、明治からこのかた、とりわけ戦後になってからバタバタと作りあげられてきたこれまでの社会をなにがしか「作り変え」ていこうとするときの、あるひとつの方向を胚胎させているといえるのかもしれない。こうした動きの担い手たちのことを、ここでは、右の、「省み」と「作り変え」の二つをミックスさせて、「省み作る個人」とでも称しておくことにする。

ここ日本では、二〇〇〇年代に入ってから、それまでの、個人に先行して作られてきた社会を追いかける「個人化」の歩みをたしかにふまえつつも、これまでとは「別の」分業のネットワークに支えられた、「別の」社会を作り出そうとする個人が、少しずつ姿を現してきているのかもしれない。

終章　どこから　そして　いずこへ

——分析概念としての「社会」と「個人」へ——

一　この本における「社会」と「個人」へのアプローチ（再論）

すでに序章において記したとおりであるが、ひとまずここでは、この本の目的と視点について、ほんの少しだけふりかえっておくことにする。それは、大まかには、つぎのようなことであった。

このところ、個人や社会をとりまいている現実には、かなり大変なものがある。それは、「個人」や「社会」という概念のそれぞれの内容やその分析上の道具価値を、あらためて問いなおしてみなくてはならなくなっている、ということでもある。なぜならば、これまでのところ、これらの概念とその内容については、分かったようでいて分かりにくいところがあり、どうしても、どことなくしっくりこないモヤモヤしたものが残っているからである。しかし、今、個人や社会という現実を分析するとともに、その来し方行く末を考えるための道具としての「個人」や「社会」という分析概念を、まさに目の前の社会や個人という現実のなかから引き出してくることが、とりわけ大切なことになっている。

このとき、「個人」や「社会」、そしてまた「個人と社会」という概念やテーマが成り立ってから、早いところでは、もはや三〇〇年あまりが過ぎている。よって、あれこれの追加がなされてきているとはいっても、それぞれの概念の内容とその分析上の道具価値は、その大元のところで、かなりのところまで変わってきているはずである。そしてそのことは、社会学に携わる人たちにとってのみならず、多くの人たちにとっても、とっくに言わずもがなのことであろう。

しかし、これらの概念をその根元から問いなおすことは、どこの誰にとっても、あまりにも大きなテーマでありすぎる。もとより、このテーマにかかわる古今東西の大家たちの著わしたたくさんのレガシーを読みこなしたうえで、これらをいわゆる学説的に「統合」することでこのテーマを解きほぐしていくことは、非力なこのわたしには、とてもできないことである。しかも、たとえそうできたからといって、先ほどのモヤモヤが、すぐさま、さっと晴れるようになるとはかぎらない。なぜならば、これまでの学説知をいくら念入りに操っていったとしても、それだけでは、かならずしも、求められているあたらしい学知につながっていくとはかぎらないからである。

そこで、この本では、そもそも社会や個人とは、いったい何なのだろうか。どこからやって来たのだろうか。そして、これから、いずこに向かっていくのだろうか。これらの問いについて、あくまでも、ここ日本社会の戦後史をひとつの事例にしながら、わたしなりに考えてみようというところからスタートした。そこには、ここ日本における「近代」は、そうしたことを考えるにあたっての分析上の大きな利点をもっているとみなせたことが、大きく与っている。

さて、このテーマについて考えるために、この本では、まずは、古今東西、人々とその暮らしにとって欠くことができない「生産と共同」の体系と、そして、とりわけその単位とに注目した。それは、言うまでもなく、人々がもっている「対自然」と「対人間」という二つの関係を、どこまでも一対なものとして捉えようとするK・マルクスの考え方をヒントにしたものである。そのうえで、この「生産と共同」の体系と「分業」と「社会」と「個人」との四つ巴のかかわりについて、まさに「概念的に再構成」（マルクス）してみるというテーマを設定した。なぜならば、序章においてすでに記したように、これまでの社会学のいずれの学説においても、「社会」という概念については、大なり小なり、それをほとんど例外なく「（社会的）分業」という概念とセットにして考えてきたり、イメージしてきたりするようなところがあるからである。

そうであるかぎりにおいて、今、さまざまに揺れている個人や社会について、それを、その大本から捉えようとするならば、それは、まさにこの「分業」という概念の中身をあらためて問いなおすということにもつながる、はずである。しかし、この「分業」という概念は、しばらく前までは、近代とともに生成してきた社会と個人のあり方を捉えるのにとても役に立つ分析ツールであったとはいえ、それからあとは、どちらかというと、社会のありようを、いわば事実としてそのまま写しとる写実ツールもしくは指示ツールとしてのみ使われてきたようなところがある。

この本のテーマは、すでに序章に記したように、「個人」や「社会」という概念について、あらためてその根本から問いなおしてみることにある。それは、右に記してきた「分業」とのかかわりからするならば、この今という社会における分業の事実をひとつの対象として、それをどうにかして「概念的に再構成」しなおしてみるという企てでもある。

この本では、このようにして、分業について「概念的に再構成」してみようとするにあたって、先の「生産と共同」の体系とその単位集団とのかかわりで、その体系の「内部化」と「外部化」と「再内部化」に注目するという視点に立つことにした。なお、この視点そのものは、対象があくまでもここ日本における「地域」にかぎられたものではあったが、高橋英博『共同の戦後史とゆくえ——地域生活圏自治への道しるべ』（二〇一〇年）において、すでに手にしていたものである。

さらに、この本では、右に記した視点を、共同体や資本（市場）や国家（公的サービス）とその段階という史的因子とかかわらせながら考えてみる、という視点にも立っている。それは、資本の発展とその段階について、いわゆる「生産力」や「生産関係」という経済的な因子からだけではなくて、それを、人々の暮らし方とその単位（集団や個人）といった社会的な因子からも捉えかえしてみる試みでもある。あるいは、近代からの「生産力」とその段階について、それを「生産と共同」の体系とその単位集団とのかかわりからも、つまりは、社会的な因子からも捉えかえしてみるという試みにもつながるものである。

ところで、こうしたテーマ設定やそのための視点は、あくまでも、ここ日本社会の戦後史をじっさいにふりかえってみるなかから得られたものである。つまり、見た目にはそう映るところがあるかもしれないにせよ、このようなテーマ設定とそのための視点は、はじめから、いわゆる「頭のなか」だけから得られたものではない。いうまでもなく、それは、わたし（作者）の脳と現実（対象）とのあいだの、「概念」（コトバ）による往来の繰りかえしのなかから得られたものである。そのときに、古今東西の社会学をはじめとするさまざまな学説からたくさんのヒントを得ているし、また、それらがかなり役に立っているのは、もちろんのことである。

このようなところからスタートして（序章）、この本では、まずは、ここ日本での戦前における中広域の地域圏について（一～二章）、つぎに、とくに戦後からの地域や家族や会社（職場）といった共同体もしくは共同集団について（三～四章）、そしてさらに、一九九〇年代に入ってからの一人一人の人間（「わたし」）について対象としながら（五章）、そしてまた、あらためて二〇〇〇年あたりからの地域圏におけるあたらしい動きを対象としながら（六～七章）、ここ日本における個人と社会の内容とその移り変わりについて、また「個人と社会」との関係とその移り変わりについて考察をすすめてきた。そして、それをとおして分かったことは、つぎのようなことである。

二　社会と個人という現実から引き出してきた「社会」と「個人」という概念

この本では、右にふりかえったような目的と視点のもとで、古くは明治大正期からはじまって、あたらしいところでは、この二〇一七年あたりまでの日本における社会と個人という現実の移り変わりについてみてきた。そこから、ひとまず、つぎの四つの「社会」と「個人」という概念を取り出すことができた。それは、すでにそれぞれの章で記したことと重なるところもあるが、大まかには、つぎのとおりである。

「地域圏外部化社会」と「先んずる個人」——「地域圏ビッグバン」を推力として——

一つめは、「地域圏外部化社会」と「先んずる個人」である。

まず、「地域圏外部化社会」とは、とくに明治半ばから大正にかけてすすんだ港や船舶や鉄道といった運輸ネットワークの近代化、そしてまた、メディアや電信といった情報や通信のネットワークの近代化とともに、かつてはそれぞれの地にかなりのところまで自立的に内部化されてきた「生産と共同」の体系と、そこに編みこまれてきた知や情報の体系、管理や運営の体系、また、表出や表象の体系とそれらにまつわるもろもろの要件が、まずはあちこちの中広域の地域圏のあいだで、休むことなく互いの外部化を繰りかえしてきたプロセスのなかから生まれてきた分業のネットワークを土台としている。

それは、とくにその初めのうちは、どちらかというと、それぞれの「産地」を中心とする互いの地域間分業という色合いが強かったといえる。しかしそれは、だんだんと、生産と消費をめぐって培われてきたそれぞれの地の固有性を脱色していくようになる。それがまた、資本の発達とともに、まわりまわって市場の全国化をすすめるとともに、あわせて、地域間のみならず、産業と職業をとりまくいっそうの社会的な分業を促していく。すでに記したように、それを宇宙の成り立ちに例えれば、「地域圏バッグバン」とでもイメージすることができるかもしれない。

しかし、そうした分業の広がりは、それが人々の暮らしにとってなくてはならないものになりつつあったとしても、まだまだ初歩のレベルにとどまっていたといえよう。なぜならば、いくつかの大都市を別にすれば、日々の暮らしのなかでよく使われる日用品や食材については、まだまだ半ば自給自足的な暮らしが保たれていたこともあって、そもそも商品化されていたものには限りがある。よって、それらのほとんどは、昔ながらの村落（ムラ）とその近辺を単位とする狭域からの供給でもって充足されていれば十分だったのである。そして、それでは足りないものがあるときには、それらは、せいぜい中広域での地域圏において供給されていたといってよい。さらにそれでも足りないものについてのみ、それぞれの「産地」を中心にして、そこから大都市をはじめとして互いに各地へと広がっていく地域間分業とでもいえるようなかたちをとって充足されていたからである。

こうして、そのころの「生産と共同」の体系についてみるならば、大まかには、さまざまな食材や生産材をはじめとして、そのほかの日常の生活材の生産や流通や消費についても、わずかな大都市はさておき、大なり小なり、そのほとんどが、それぞれの地域圏のなかに、かなりのところまで内部化されていたといってよい。これらのことは、「生産と共同」の体系のみならず、それにまつわる知や情報の体系、そしてそれらをうまく回していくための管理や運営の体系、またそれらの体系をとおして創出される表出や表象の体系といった、「生産と共同」の体系のなかに編みこまれているもろもろの要件も、かなりのところまで、この中広域の地域圏のなかに自立的に内部化されたままであったということを示している。

こうして、ここ日本における明治から戦前までにあっての社会は、「生産と共同」の体系とその単位からの外部化によってもたらされる社会的な分業の体系とのかかわりからするならば、まだ、ある限られたレベルでの社会の生成だったのであり、それは、まさしく「生まれたての社会」といってよいようなレベルにとどまっていたといってよかろう。それは、また、そうした地域圏のあいだの互いの外部化の渦中にあった人たちにとってのみ、もしくは、それを体感することができたような、ある限られた人たちにとってのみ、社会の生成であった言いかえることができるかもしれない。

ここ日本においては、それを代表するような人たちとして、明治から大正にかけてのころは、地租改正をきっかけにして力をつけてきた寄生地主とそのまわりの人たちのほかにも、たとえば、官主導で殖産興業と富国強兵をひた走った政府とその高官たちをあげることができる。また、政府の息のかかった政商や大小の財閥たち、そしてまた、全体からすると、まだごくわずかしかいなかった企業経営者やそのホワイトカラーたち、そしてまた、ごくわずかしかいなかった広域自治体の官僚たちをあげることができよう。それと、法曹や医療や教育などの専門職、そして、文学や美術や音楽などの芸術家やその卵たちを付け加えることができるかもしれない。それは、いわゆる「昭和モダン」の花が咲き、各界におけるごくわずかな学歴エリートたちであったホワイトカラーが営むモダンな暮らしが人目を引くようになってきて、百貨店やカフェや和洋外食などといったサービス産業が伸びてくるあたりまでのことである。しかし、そうこうしているうちに、あの太平洋戦争へとつづく戦火の日々が忍び寄ってきていたのは、かなり昔のことであるとはいえ、たくさんの人たちにとっては、とっくに周知のことである。

ところで、これらエリート層の人たちは、ここ日本における「近代」のハシリのころにあっての、いわば「先んずる個人」とでもみなすことができるかもしれない。そして、彼らこそが、東京や大阪や名古屋などの大都市を結節点としながら、さまざまな産業と職業とに分化された専門的な社会的分業のネットワークが全国レベルでせり出してくるという流れをリードした人たちである。そして、また、その流れがもたらす大きな果実を手にしえた人たちでもあったのは言うまでもない。

かたや、戦前までの町内、そしてとりわけ村落は、一方で、それぞれの「生産と共同」の体系を内部化させた島宇宙として置いてけぼりにされたまま、他方では、地主制という回路をとおして、日本の初期資本主義体制の支配下にがっちりと組みこまれていたということになる。よって、とくに戦前における村落に生きていた一人一人の村人からしてみれば、その暮らしは、あくまでも、「生産と共同」の体系の単位としての村落共同体のなかに固く張りつけられたままであり、そこから自立したり浮上したりすることは、よくよくの例外でもなければ、とてもできない相談であったといえよう。そして、食べていくのに追われていたそうした人たちこそが、そのころの日本人のほとんどを占めていたのである。

こうしたことから、戦前においては、村落での営みをもっぱらにしていた多くの日本人にとっても、なんらかのきっかけによって、「個人というもの」や「社会というもの」をイメージしたり、あるいは期待したりすることはあったかもしれない。しかし、それを、みずからの暮らしのなかで体現させるには、「生産と共同」の体系の単位集団としての村落（ムラ）がもっている共同体としての磁場があまりに強すぎた、ということができるのではないだろうか。このような人たちにとって、近代になってから立ち上がってくる「個人と社会」というテーマは、小説においてならまだしも、じっさいには、なかなか体感しにくかったというのが本当のところであったかもしれない。

「共同体（共同集団）外部化社会」と「浮上してくる個人」――「共同体ビッグバン」を推力として――

まず、この「共同体外部化社会」とは、一九五五から六〇年代にかけて、とくに村落、そして都市にあっては町内から、それまでそこに長いこと内部化されてきた「生産と共同」の体系が、ものすごい勢いで外部化されてくることによって成り立ってくる。

つまり、この「外部化」とともに、それと相乗するかたちで、細かく分かれた専門的もしくは断片的な市場と公的サービスの広大なネットワークが張りめぐらされていく。そして、これら二つへの「外部化」のネットワークこそが、今日の、マクロレベルでの社会的分業の体系だということになる。そしてつぎには、家族や職場という共同集団からの同じような「外部化」のネットワークが、またたくまに広がっていく。そして、どこまでも伸びていくこの広大な社会的分業の体系こそが、今日における「生産と共同」の体系の実体だということになる。その単位は、すでに一国レベルをはるかに超えてグローバルレベルにまで広がっていて、しかも、その一部は宇宙空間にまで飛び出している。これについても、すでに記したとおりである。

このことは、こうした「外部化」の動きをリードする資本ないし国家の力が、ある広がりのもとにある中広域の地域圏レベルよりもはるかに奥深いところにまで、つまりは、人々にとってより身近なところにある共同集団にまで及んできたということを示している。ここでの資本は、それぞれの地域圏のあいだの互いの外部化のなかだけではなく、それに加えて、村落や家族や職場といった人々の基本集団からの「生産と共同」の体系の外部化のなかにも、その利潤のチャンスを広げるようになる。こうした「外部化」の広がりとそのさまざまなきっかけのなかにこそ、じつは、けたたましいほどの「生産力」の上昇、そしてまた、ここ日本における、まさにミラクルなまでの経済成長の社会的なバネが折りたたまれていたといえよう。

こうしてみると、とりわけ村落や家族、そして日本的経営のもとにあった企業（カイシャ）という「第二のムラ」は、そこに長いこと内部化されてきた「生産と共同」の体系を、市場と公的サービスのネットワークという広大な宇宙の生成へと向かって互いに外部化を繰りかえしていくエネルギーをつめこんだ、ひとつの「胚」のようなものとして例えることができよう。その「胚」からの外部化は、すでに記したように、「共同体（共同集団）ビッグバン」とでも言いあらわすことができるかもしれない。それをリードするのは、いうまでもなく資本であり、そして国家である。

ここに、明治から戦前までの、そして戦後しばらくまでの村落や町内においてとはまったくちがった、人々によって作られる「生産と共同」の巨大な体系ができあがってくる。つまり、それは、一人一人の目からは見えにくいうえに間接的な広がりでしかなく、しかも遠くにあって自分の力が及ぶはずもなさそうな疎遠なものであったとしても、じっさいにそれなしでは、人々のそれぞれの暮らしそのものが成り立たない体系である。しかも、それぞれの人たちの労働や消費という日々の営みこそが、まわりまわって、その疎遠で広大なネットワークを成り立たせているのである。そしてそれは、またたくまに、グローバルなレベルにまで広がってきている。それについても、すでに記したとおりである。

そうなってくると、多くの人たちは、それまで村落ないし家族のなかに内部化されてきた「生産と共同」の体系から浮上もしくは自立しつつ、どこまでも広がる社会的分業のネットワークのなかのいずれかを担うひとつの原子として考えたり行動したりするようになる。というよりは、むしろ、そうしなくてはならないように迫られてくる。しかもそれは、それぞれの人たちが、そのことを自覚するかしないかにかかわらず、結果として、そうならざるをえないものとして立ち現われてくる。パーソンズの「社会体系」とその体系のもとに生きる人々の「地位と役割」の体系とは、まさしく、このような「外部化」の体系としての「できあがってきた社会」と、そこに生きる一人一人の個人との関係を整合的に捉えようとしたものであった。よってそれは、前近代の共同体とそこでの暮らしについて分析できる概念装置ではないのはもちろんのこと、たとえば、これまでとはちがう「別の」分業体系のもとで、たとえば、かつての「百姓」のように、一人の人間がいくつもの役割を担うという社会についても、おなじように通用しにくいものである。

いずれにしても、このような「できあがってきた社会」としての「共同体外部化社会」のあり方は、戦前に、もしくは戦後になってまもなくしてから生を受けたたくさんの人たちの暮らしにとっては、また、村落や町内からはじき出されて、それぞれ一人一人とその家族という単位で暮らさざるをえなくなってきた人たちにとっては、これまで思いもしなかったような未知の動きとして経験されたり、感知されたりしてくるものとして立ち現れてこざるをえない。そして、それは、たんに人々の暮らし方のレベルにとどまらず、その考え方や生き方にまでも及ぶものであったことだろう。

これこそが、ここ日本におけるほとんどすべての人々にとって、それぞれが社会的分業の体系のなかのなんらかの一員になることをとおして、はっきりと社会として経験され、また感知されてくる実体である。ここに、社会が社会として生成してきて、なおかつ、この社会を社会として経験したり感知したりする個人が、またたくまに、しかも大量に生み出されてくるのである。

ところで、こうした人たちのことを、たとえば先進ヨーロッパの近代の幕開けにおいてそうだったような、それまでの「旧体制（アンシャンレジーム）」からの「鎖」を引きちぎって、「自由」と「平等」と「所有」とを求めながら、みずからがなにがしがの社会を力ずくで切り拓いていく担い手として、「下から」這い上がってきた「パイオニアとしての個人」とはいいにくい。むしろそれは、「生産と共同」の体系が長いこと内部化されてきた共同体や共同集団のなかからその体系が広大な社会的分業の体系へと外部化されてくる「上からの」プロセスにおいて、そこから、いわば、否応なく「浮上してくる個人」とでもいえるようなところがある。

こうしてみると、ここ日本における「できあがってきた社会」としての「共同体外部化社会」のルーツをたどっていくと、それは、じつは、人々が作りあげてきた「生産と共同」の体系の単位集団のなかに、言いかえると、わたしたちの日々の暮らしのすぐ足元にあったということになるのかもしれない。

こうした動きともに、「個人と社会」というテーマもまた、村落や町内にあって戦前の暮らしを生きていたほとんどの人たちにとってそうであったような、どことなくぼんやりしていて、遠い小説の世界のようなものではなくなってくる。それは、ごくフツーの暮らしを送るほとんどの人たちにとっても、日々つねに突きつけられるとともに、まさに「浮上してくる個人」としてのみずからが、それにたいしてなんらかの対応を迫られるテーマとして立ち現われてくるのである。

それは、あの敗戦から一九六〇年代までの日本において、町内、とくに村落のなかに内部化されてきた「生産と共同」の体系が村落から外部化されていくその切り替わりのなかに生きていたたくさんの人たちにとって、まずは重くのしかかってきたテーマであったにちがいない。そこで人々は、互いが相反しながらも補いあわなくてはならない二つの「生産と共同」の体系のはざまにありながら、それらのあいだで、いわば「また裂き」の日々を生きざるをえなかったからである。このことについても、すでに、二章で記したとおりである。

「人間外部化社会」と「危うい個人」——「人間ビックバン」を推力として——

ここでいう「人間外部化社会」は、ここ日本において、一九九〇年あたりからの対人向けのあたらしいサービス産業が広がってくるなかから立ち上がってくる。それらのサービス産業は、すでに記したように、人々が個人として、その内側になにがしか抱えてきたり秘めてきたりした内面的な世界にまつわるさまざまなきっかけが、まさに市場のネットワークへと外部化されて用意されてあるものだとみなすことができる。そこでは、多くの人たちが、まさしく消費者として、これらの内面的な世界にまつわるなにがしかのきっかけを選びとったうえで、それらをカネでもって商品として入手する。そして、そのことで「わたし（らしさ）」を表出し、具現させている。それは、それまで人々が営んできた「くらし消費」にたいして、いわば「わたし消費」とでもいえるものとして対比させることができる。これについても、すでに記したとおりである。

こうして、とりわけ先進国にあって、なかでも、昨今のここ日本において、一人一人の個人として生きるようになった人々からの内面的なきっかけやヒトの働きの外部化のネットワークによって支えられている壮大な社会的分業の体系が、できあがってくる。そして、これこそが、今日における人々の「生産と共同」の体系の全体を成り立たせている。よって、高度消費社会といわれている今日の「熟れかけの社会」は、人々の内面もしくは「わたし（らしさ）」の、まさに一人一人の個人もしくは人間からの外部化のネットワークの上に成り立っているということになるかもしれない。

そして、この「わたし消費」において扱われる商品のほとんどは、たとえそれがなかったとしても、それはそれで、それなりに生存していけそうなものである。よって、資本にとっては、その利益を上げつづけていくためには、人々の「欲求」の開拓やあらたな創出のための工夫がどうしても欠かせなくなる。つまるところ、ここにきて資本は、個人として生きるようになった一人一人の内面もしくは「わたし（らしさ）」のなかにも、その利潤のチャンスを探るようになってくるのである。それは、これまでの資本がもってきた「外延化」もしくは「拡大」や「成長」の論理とあわせて、そこに、人々の内面への「深化」の論理をも付け加えるものとなっている。そして、それは、考えようによっては、人々の内面への「侵略」や「攻撃」の論理を含むようにさえなってくる。

しかも、ここ日本にあって、またたくまに現れてきた「共同体外部化社会」のなかで日々を暮すようになった多くの「浮上してくる個人」にとっては、その「個人」を作りあげている外殻がかなり柔らかかったこともあって、「わたし探し」というようなかたちでその空洞を埋めるために、この「わたし消費」に群がりやすかったといえなくもない。そして、このことこそが、ここ日本にあって、先の「人間外部化社会」としての高度消費社会を、またたくまに、しかも大きな広がりをもって作り出すことになった主体的な因子であったということができるかもしれない。

こうして、今日における「生産と共同」の体系は、その体系が長らく内部化されてきた地域圏、そして、すでに記したような共同体もしくは共同集団からの外部化の次元をはるかに超えて、こんどは、一人一人の個人もしくは人間もしくはヒトのなかから、その内面的な要素もしくはカラダの一部までをも市場のネットワークへと外部化させることで成り立っていることになる。こうしたことからすると、この「人間外部化社会」のルーツをたどっていけば、それは、まさに一人一人の「わたし」たちの内側にこそあったということができるかもしれない。

こうしてみてくると、ここ日本においてこれまで作りあげられてきた社会とそのルーツは、じつのところ、人々の足元、つまり、人々の暮らしそのもの、もしくは　一人一人の内面やカラダそのもののなかにあったともいえよう。よく言われるところの「灯台下暗し」とは、まさに、このことである。

こうして、すでに記したように、わたしたちは、今、まさしく「外部化」の第三のステージに立っている。かつての「地域圏ビッグバン」や「共同体ビッグバン」にならっていうならば、今日の「人間外部化社会」は、いわば「人間ビッグバン」をテコとしたものといえるかもしれない。そして、それをリードするのは、いうまでもなく、資本である。

この段階になってきてはじめて、一人一人の個人は、この市場のネットワークとそれを支える社会的な分業の体系そのものが、みずからの「わたし（らしさ）」や「脳」を侵略したり攻撃したりしてくる面があることを体験したり、また感知したりするようになる。しかし、他方で、わたしたちは、それに恐れおののいているというよりは、むしろ、そうした社会がもっているうつろなアヤシさそのものを、そこはかとなく、その日々の暮らしのなかの楽しみや充実やエネルギーにしている一面もある。わたしたちの「わたしらしさ」は、もしかしたら、そこまで、商品もしくは市場によって、むしりとられつつあるということになるのかもしれない。

ここに、先の「人間外部化社会」そのものがもっている、これまでとはまったくちがった装いが、明と暗、もしくは快と苦との紙一重の差をも感じさせながら、ごくフツーの日々をフツーに暮らしている一人一人の個人によっても、はっきりと感知されてくるようになってくるのである。けっして少なくない人々が、今日の社会のあり方を目の前にして、「すごいね〜〜」とか「ちょっと変かも〜〜」とか言いはじめているのは、なんとなくではあっても、このようなことを察しとっているからにちがいない。わたしたちは、今、この「人間外部化社会」のただなかにあって、いわゆる「生活世界の植民地化」や「主体の危機」にさらされている、まさに「危うい個人」を生きているともいえよう。そして、この「危うい個人」はまた、ここ日本における「浮上してくる個人」のなかにこそ、その温床があった、ということになる。

「再内部化志向社会」と「省み作る個人」

ここ日本では、二〇〇〇年あたりから、すでに記したように、どちらかというと地方において、すすみゆくグローバリゼーションを横目でにらみながら、リニューアルされた地場産業や伝統工芸、そしてまたコミュニティビジネスなどといったあたらしい動きが生じてきている。それは、地域の外へも開かれている、地域の内側へと注がれる「まなざし」を土台にしつつ、これまでわたしたちの身近なところから外部化されっぱなしであった「生産と共同」の体系のなにがしかについて、それをあらためて地域圏へと再内部化していこうとする動き、そしてそれを支えるあたらしい分業のネットワークができあがってきていることを示している。しかも、それは、まさしく意図的であって、かつ主体的な動きでもある。

この、地域圏に生じつつある「生産と共同」の体系の意図された地域再内部化とそれを支える分業のネットワークは、ここ日本における先の「地域圏外部化社会」、そしてまた、「共同体外部化社会」や「人間外部化社会」を所与としつつ、それらと互いに補いあっている。とはいえ、このあたらしい分業のネットワークは、コストや効率や効果や担い手などの制約からして、資本や国家がリードしてきたこれまでの「外部化」のネットワークによってはカバーできない「スキマ」を担っていることにもみてとれるように、これまでの「外部化」のネットワークとは、理念や目的がまるで「別の」価値にもとづいたものである。よって、それは、すでに記したように、これまでの「外部化社会」という大河のなかに、あたらしい「再内部化志向社会」が伏流しつつあるというふうにもみなすことができるかもしれない。

この「再内部化志向社会」はまた、今日にあって資本と国家がリードする「生産と共同」の体系とそれを支える市場と公的サービスの広大な分業の体系を、その体系が自立してしまってタガが外れ、もはや自走するままにしておくしかないというよりは、それとはちがった見地から相対化するとともに、それを逆コントロールするような役割をも果たしつつあるといえよう。つまり、それは、反資本や反中央とまではいかなくても、非資本もしくは非中央とでもいえるような意図も含んでいる。

こうして、このところ目立つようになってきた意図された地域再内部化の動きは、すぐあとに記す「別の」社会に向けた意図にもとづきながら、これまでの社会をコントロールしなおしていったり、あるいは、あたらしく社会を編みなおしていったりするという道のりをはらんでいるともいえよう。そして、その道のりは、ここ日本にあっては、やっと今になって始まったばかりである。

こうして、ここ日本においては、二〇〇〇年あたりから、どちらかというと地方圏において、意図された地域再内部化の単位としての開かれた地域圏が、あちこちに作られつつある。それらは、互いに閉じたものではなくて、そこには、それぞれの地域の外へも開かれた「まなざし」が貫いている。そしてまた、それらの「まなざし」を共有する人たちはもちろんのこと、彼らを支えたり助けたりする人たちや団体などによるネットワークが、全国にまで広がってきている。

この本でこれまでみてきたように、それぞれの時空にあっての分業とそのネットワークのあり方こそが社会とそのあり方の土台であることからするならば、今、ここ日本において、あちこちの地域圏を震央として、あたらしい社会が互いに共振しながら広がりつつあるということになる。

ところで、今日、これまで人々が作りあげてきた市場と公的サービスとの広大な分業ネットワークによって支えられている「生産と共同」の体系が抱えている限界やリスクが、ますますはっきりとしてきている。そのとき、肝心なのは、その「生産と共同」の体系とは「別の」あり方が、この今の社会にどのように用意されてあるかどうか、ということである。

しかし、今、ここ日本において、マクロでやや長いスパンでみるならば、地域再内部化を土台にしたあらたな分業や「つながり」のネットワークが芽を吹きつつある。それは、これまで記してきた地域圏についてみてとれるのみならず、これからの家族や職場のあり方においても、あるいは一人一人の個人の生き方という舞台においても、まだ定かではないものの、なんらかの「再内部化」に向けた動きが広がっていく兆しであるといえるかもしれない。本文で記したミニマリストという生き方も、それが一方では、外部化された「生産と共同」の体系に頼りきるという生き方であるとともに、他方では、そこから、自分の暮らしに本当に大切なものだけを、あらためて「再内部化」していこうとする方向をはらんでいるとみなすこともできよう。それはまた、このところ注目されてきているような、ＤＩＹ（Do It Yourself）の動きとも響きあっているところがあるのかもしれない。

こうして、今、とりわけあちこちの地域圏において、これまでとは「別の」価値にもとづいた、これまでとは「別の」分業のネットワーク、ひいては、「別の」社会をじっさいに生み出そうとする個人が立ち上ってきている。そのとき、彼らの営みのなかには、すでに記したように、地域の外へも開かれた、地域への「まなざし」を大切にするとともに、それをグローバルな視点でもって国の内外に発信しようとする、いわば「グローカル」な価値観が溶けこんでいる。あわせて、そこには、すでに記したように、人々による、互いの「対話」や「共感」を大切にする「共生社会」に向けた「つながり」も溶けこんでいる。

それは、いわゆる「生活世界」の次元から、それを「植民地化」しようとしてきた「システム世界」（＝外部化体系）をあらためて省みるという批判的な営みをあわせもっているといえよう。そうした動きを支えているのは、みずからの営みをとおして、あたらしい分業の体系をじっさいにかたちづくっていこうとする人たちである。それは、すでに記したように、「省み作る個人」として、わたしたちのこれまでの暮らしとその土台を「省み」つつ、これまでとは「別の」暮らし方に向けたあたらしい価値や志向、あるいは、あたらしい「別の」社会に向けた「意図」もしくは「思想」を作り出しつつある。

以上、本文とダブるところもあったが、この本をとおして、とりわけ戦後日本における社会と個人という現実のなかから取り出してきた四つの「社会」と「個人」という概念とその中身について、おさらいしてきた。

三　「個人」・「社会」・「個人と社会」——その分析ツールとしてのひとつの理念型——

「個人」と「社会」を問いなおすということの意味

この本では、社会とは何か、そして個人とは何か。そして、それらの来し方行く末、そしてまた、「個人と社会」との関係の中身とその変化について明らかにするという目的のもと、「生産と共同」の体系と「分業」と「社会」と「個人」との四つ巴のかかわりを解きほぐす視点から、ここ日本社会の戦後史をふりかえってきた。そこから、ひとまずのところ、みてきたような四つの「社会」と、四つの「個人」を取り出してくることができた。そこには、ここ日本においては、社会や個人をとりまく変化がかなり短いうちになされたがゆえに、それらの変化を、とてもコンパクトに、言いかえると、より分かりやすいようにして捉えることができるという分析上の利点が与っている。それについては、すでに序章において記したとおりである。

それでは、このようにして取り出してきた「社会」や「個人」、そして「個人と社会」の四つのあり方は、いったい、わたしたちが生きている今日の社会を捉えるにあたって、どのような分析的な意味をもつことになるのであろうか。ここでは、それについて考えてみて、この本のまとめとしたい。

ところで、なぜ、このような分析的な意味について考えてみなくてはならないのか。

それは、ここしばらくのあいだ、「個人」にしても「社会」にしても、それらの概念は、社会学をはじめとする社会科学の分析上の対象を示す指示ツールもしくは写実ツールに甘んじてきたようなところがあるからである。言いかえると、これらの概念は、今日の個人や社会のあり方を解きほぐしていくときの分析ツールとしての中身が、どちらかというと、はっきりしたものにはなっていない。むしろそれらは、とくにここ日本においては、いわゆるウェーバーに代表されるような方法論的個人主義とか、デュルケムに代表されるような方法論的社会主義というように、あるいはパーソンズがやったように、その二つをどのようにして統合していくのかというように、現実の個人や社会を分析していくうえでの、どちらかというと方法論的、もしくは、認識論的な視座をはっきりさせるときの、いわば認識ツールといった大きな役どころを果たしてきていたといってよいかもしれない。

あるいは、もっと身近なところでいうならば、「個人」にしても「社会」にしても、それらの概念は、わたしたちがめざそうとする社会や個人という現実についてのある種のゴールイメージを与えてくれるかもしれない、いわばイデオロギーツールとしての大きな役回りを果たしてきたようなところがある。それは、すでに序章に記したことであるが、十八世紀の啓蒙思想にみられたように、また、そのあとの近代社会をかたちづくっていくにあたっても、とくに世界に先駆けて「近代」への道のりを切り拓いてきた先進ヨーロッパにおいて、じっさいに大きな役回りを果たしたといえよう。

そして、「近代」がかなり遅れてやってきたここ日本においては、「個人」と「社会」という概念は、これまでのところ、いまだにそのようなイデオロギーツールとしての役回りを演じつづけているとさえいえる。それは、そのマイナスのニュアンスでいうならば、たとえば「社会」というコトバそのものを使うことがはばかられた大正デモクラシーあたりのことだけではない。この今では、そのようなことは、ないかもしれない。しかし、ほんの少し前にあっては、これと似たようなこととして、「特定非営利活動促進法」（ＮＰＯ法）の名称をどうするかといったようなときに、たとえば、そこに「市民」というコトバそのものを使わないですまそうとする企みがあったことは、すでによく知られていることである。

これと同じようなことは、たとえば、「わたしたちは、どのような『社会』をめざそうとしているのか」とか、「わたしたちは、これからの『個人』のあり方について、よく考えてみなくてはなるまい」などといったような、何気なく言ってしまうような、そしてまた、よく聞かれるような言い回しのなかにも、いつのまにか忍びこんでいるといえよう。そこには、右にみたマイナスのニュアンスとは逆のプラスのニュアンスにおいてではあるものの、社会や個人という現実のあるべき姿が、あるいは、あってはならない姿が、なんとはなしに所与とされているようなところがあるからである。そうかといって、その姿もしくはイメージの中身は、あくまでもぼんやりとしたものであって、かならずしも、はっきりしたものであるとはかぎらない。イデオロギーツールには、えてして、そのような都合の良さも付きまとっている。

しかし、また、他方では、これまで記してきた「生産と共同」の体系とその外部化体系としての社会的な分業のネットワーク、そして、それによって支えられているこの資本主義社会は、それが巨大な「資本の論理」によってリードされているかぎりにおいて、それは、古くからの貧困や階級などの問題をはじめとして、グローバルレベルでの格差や地域や環境などといった大小さまざまな矛盾を抱えている。それらの矛盾を前にしているからこそ、この「個人」や「社会」という概念は、いまだに、それらの矛盾を乗りこえた先にある「別の」個人や社会という現実をめざそうとするときの、やはりなにがしかのイデオロギーツールとしての役割を果たしつづけている。こうしてみると、今、「社会」や「個人」という概念がそのようなイデオロギーツールとして使われているのも、そこには、それなりのちゃんとした理由があるということになる。

しかし、今、とくに黎明期の近代において「個人」や「社会」という概念がかつて果たしたような、ある程度のところまで科学的にも裏づけられた分析ツールとしての中身を、わたしたちは、どのようなものとしてあたらしく付け足していくことができるだろうか。それは、そうたやすいことではない。なぜならば、ひとつには、わたしたちをとりまく現実があまりに目まぐるしく変化していて、そしてまた、あまりに複雑で多様であるとともに、さまざまな立場からの利害がからみあいすぎているからである。そのこともあって、今日、「個人」や「社会」という概念は、さまざまな検討テーマを内包している対象をさし示す、いわば写実ツールもしくは指示ツール、そしてまた、右にみたような、ぼんやりとしたイデオロギーツールとしての使われ方を大きくしたままであるといってよいかもしれない。

それを少しでも分析ツールへと近づけていくためには、さしあたって、「個人」と「社会」という概念について、それらを、じっさいの個人や社会をとりまく現実のなかから、より科学的な概念として鍛えなおしてみることがどうしても欠かせまい。そのことによってこそ、個人や社会をとりまいている現実について、それをより分析的に解きほぐしていくための概念的な装置もまた、しっかりとしたものになっていくのではないだろうか。

「個人」や「社会」、そしてまた、「個人と社会」という概念をとりまく昨今のこのような状況にあって、そろそろ、ここらでひとまず、十八世紀からこのかた、目まぐるしく移り変わってきた個人や社会の現実を対象にしながら、これらの概念について再検してみるとともに、そこから、これらの概念がもっている分析ツールとしての中身を少しでも豊かにしていくことが大切になっている。

そのためには、ひとまず、目の前の資本主義社会という現実を対象としつつ、そこから、どのような段階や次元の個人が、どのような段階や次元の社会を、どのようにして作り、また再生産するのか。そしてまた、どのような段階や次元の社会が、どのような段階や次元の個人を、どのようにして作り、また再生産するのか。これらのことについて、なにがしかの回答がなされなくてはなるまい。この本では、ここ日本社会の戦後史をあくまでもひとつの事例としながら、このことについて、「生産と共同」の体系と「(社会的)分業」と「個人」と「社会」との四つ巴のかかわりを「概念的に再構成」しようとする視点から考えてきたのである。

「社会」と「個人」は、いずこへ？　――四つの「社会」と四つの「個人」とその混合体――

さて、この本では、ここ日本における社会と個人の現実から、つぎの四つの「社会」と「個人」という概念を取り出してきた。「地域圏外部化社会」と「先んずる個人」、「共同体外部化社会」と「浮上してくる個人」、「人間外部化社会」と「危うい個人」、「再内部化志向社会」と「省み作る個人」が、それである。そして、最初の三つは、「生産と共同」の体系とその単位とのかかわりでいえば、それぞれ、「地域圏ビッグバン」と「共同体ビッグバン」、そして「人間ビッグバン」によってもたらされたものであった。

ここでいう三つの「ビッグバン」というのは、もちろん、宇宙の成り立ちに似せた例えであるが、「生産と共同」の単位集団からのそれぞれの体系の外部化と、その外部化の先にある市場と公的サービスによって支えられる分業のネットワークの中身とその段階に対応させながら名づけたものである。そして、もちろん、その背景には、とりわけ資本、そして国家とその発展段階が深くかかわっている。

さて、このようなことからすると、今日のここ日本における社会や個人の現実は、とりあえずのところ、これらの四つの「社会」や「個人」という概念のいわば混合体として成り立っているとみなすことができよう。つまり、わたしたちがかたちづくるここ日本の社会という現実は、これらの四つの概念を合わせ溶かしたような現実として再生産されてあるのだし、個人という現実についても、まさにそうである。

なぜならば、「生産と共同」の体系が、まずは地域圏から、そしてつぎには共同体や共同集団から、そしてさらには、人間からも外部化されていった先にある今日の広大な分業のネットワークは、そしてまた、とくに地域圏へと再内部化されてきつつあるなにがしかの分業のネットワークのあり方は、じっさいには、それぞれが別々にではなく、すべてが、いろいろに混じりあったかたちで目の前に現れてきているからである。

したがって、これらの分業のあり方とのかかわりで、先の四つの「社会」や「個人」という概念によって切りとられる個人や社会の現実もまた、時とともに、それらが入れ替わってなくなってしまうのではない。そうではなくて、それらは、この今日においても、じっさいには、それぞれの特徴の足し算と引き算とを繰りかえしつつ互いにミックスされて、現実の社会や個人のなかに溶けこんでいる。そして、とりまく状況によっては、ひょんなことから、いつでもどこでも、そのいずれかの顔をのぞかせてくるのである。

このように、とりわけここ日本では、個人や社会という現実をとりまく戦後の変化があまりにも速かったがゆえに、先ほどの四つの概念で切りとられる現実は、いまだにそれぞれが重なりあいながら、互いに入り組んでいるとみたほうが現実的であろう。

さらに、そこには、まだ前近代の匂いが残っている「ムラ」や「ムラ人」という因子もまた、少なからずミックスされていて、同じように、人々が置かれる状況によっては、ひょいと、その頭をもたげてくるようなところがある。いわゆる「原発ムラ」のほかにも、各界において、いまだにさまざまな「ムラ」が取りざたされているのも、その証左と言えるかもしれない。あるいは、「寄らば大樹の陰」とか「クウキ」とか「忖度（そんたく）」といった言い方もまた、ここ日本ならではの、右に記したような混合体としての社会や個人という現実のあり方を映し出しているといってよいだろう。

これらを海水に例えれば、その混合体は、いわゆる深層水のような次元のものだといってよいかもしれない。そしてその深層水は、来し方行く末、それぞれの時と所によって、また、人々の暮らしをとりまくところの外的あるいは内的な状況をとおして、そしてまた、一人一人の個人と彼らが置かれている状況をとおして、その重なり方の度合いが、いろいろに現れてくる。その現れの場である人々の日々のそうした暮らしが営まれている次元は、同じく例えれ

図5　戦後日本における「社会」と「個人」

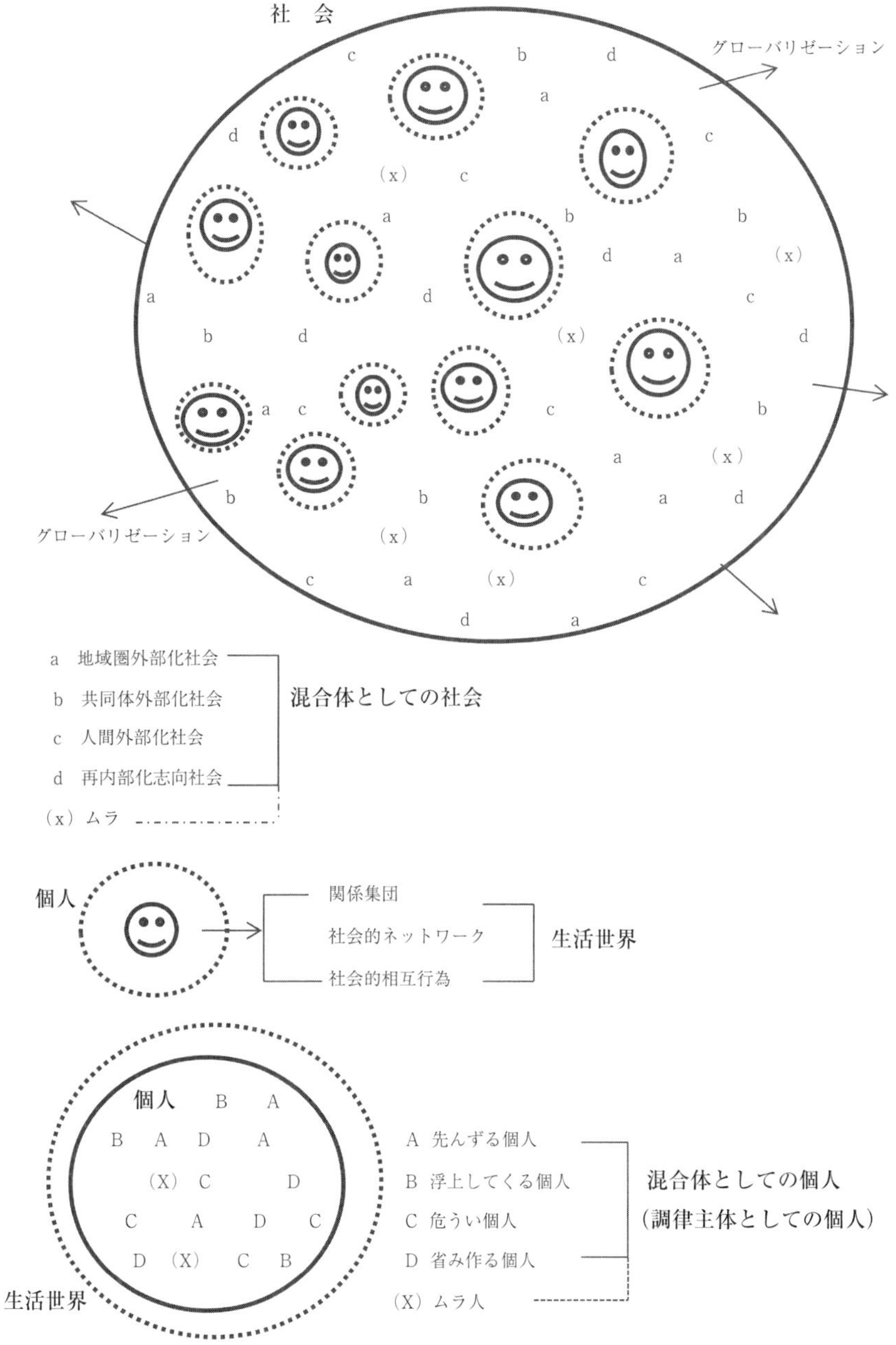
社　会
グローバリゼーション
グローバリゼーション
a　地域圏外部化社会
b　共同体外部化社会
c　人間外部化社会
d　再内部化志向社会
（x）ムラ
混合体としての社会
個人
関係集団
社会的ネットワーク
社会的相互行為
生活世界
個人
生活世界
A　先んずる個人
B　浮上してくる個人
C　危うい個人
D　省み作る個人
（X）ムラ人
混合体としての個人
（調律主体としての個人）

ば、いわば表層水のような海域とでもいえるかもしれない。

こうして、この本の目的と視点にもとづいて考えてきたことをふまえるならば、今日、ここ日本においては、先に記した四つの「個人」と「社会」という概念によって切りとられてくる個人や社会の現実とその混合体という原基がまずもってあり、そのうえで、その原基が溶けこんでいるところの、さまざまな集団やネットワークのなかで日々の暮らしを送っているわたしたちの具体的で身近な、そして生身の個人の営みがあるということになる。**図5**は、それをイメージ化したものである。

このとき、先の四つの概念で切りとられてくる個人という現実や、その営みの場である社会という現実は、あくまでも、四つの概念で切りとられてくる現実であるにすぎない。つまり、生身の個人のほか、その営みの場である生身の社会という現実は、この四つの概念で切りとられてくる現実のほかにも、じっさいには、さまざまな深みと広がりをもったものであるのは、言うまでもない。そのなかには、社会学をはじめとする先学によって、すでに切りとられずみのものも、たくさんある。そのほかにも、今はまだはっきりとしていなくても、いつかどこかで姿を見せてくることであろうなにがしかのテーマ設定や、それを解き明かしていくためのあらたな視点とともに、これらとは別の概念でもって切りとられるのをまっている現実もあることだろう。

こうしてみると、わたしたちは、とくに今日の日本にあっては、近代からこのかた、あるなにがしかの不変の内容をもった個人として生きてきているというよりは、さまざまな「個人」という概念で切りとられてくる現実を溶けこませた混合体のような個人として、そしてまた、そうした混合体としての自己を、それぞれの外的もしくは内的な状況に合わせて「調律」する主体という現実を生きている。そしてまた、そうした混合的な個人もまた、人々が作りあげてきた「生産と共同」の体系とその単位集団、そしてその単位集団から外部化された先にある分業のネットワークのさまざまなあり方に対応するかたちで、つまりは、さまざまな「社会」という概念を溶けこませた幾重にも入り組んだ社会という現実に対応するかたちで存立している。

この本で記してきたことをふまえるならば、「個人」と「社会」というそれぞれの概念、そしてまた、「個人と社会」という概念は、ひとまずのところ、このようなものとして捉えておくことができよう。わたしたちは、時と所によって規定されているところの、ある一定の幅にある混合体としての「個人」という概念でもって切りとられてくる個人という土台の上にあって、それぞれの人たちが、それぞれの個人という現実を生きている。そしてまた、同じように、ある一定の幅をもった混合体としての「社会」という概念でもって切りとられてくる社会という土台の上に再生産されている社会という現実を生きている。

そして、そうした混合体としての「個人」を、それぞれの状況に合わせてどのように「調律」していくかのということが、すでに記した混合体としての「社会」をどのようなかたちで具現していくのかにつながっていく。しかし、それは、言うほどやさしいことではない。なぜならば、そこには、さまざまな勢力の利害がかかわっていたり、人々のあいだにさまざまな利害の分断が引かれていたり、あるいは、互いに背反するような価値観のぶつかり合いが横たわっていたりするからである。しかし、わたしたちは、これまでも、そうしたもろもろの壁を打ち破りながら、なにがしかのあたらしい分業の体系をかたちづくるとともに、そしてまた、それに対応したあたらしい社会や個人のあり方を作りあげてきたのも、たしかである。

ところで、これら四つの「社会」や「個人」という概念は、あくまでもここ日本社会の戦後史という現実から引き出してきたものである。よって、それは、時と所によって、そしてまた、置かれている状況によってさまざまな組み合わせをとる現実を捉えようとするときの、あくまでも、ひとつの理念型（モノサシ）にすぎない。

言いかえれば、「個人」や「社会」という概念とそれによって切りとられてくる現実は、もちろん共通するところを大きくしながらも、時と所によって、けっして一律で不変なものではない。つまり、それは、日本のほかの国々や地域によって、そしてまた、時の流れとともに、大なり小なり変わっていかざるをえないものである。しかし、わたしたちが、これからの社会や個人のあり方について展望しようとすることは、人々が、その日々の営みをとおして、どのような分業のネットワークをかたちづくっていくのか、そしてまた、そうした分業のネットワークによって支えられるところの、どのような「生産と共同」の体系をかたちづくっていくのか、そしてまた、それとのかかわりで、どのようなその単位をかたちづくっていくのか、ということに思いをめぐらせるということでもある。この本によってはっきりしてきたのは、そのようなことである。

いずれにしても、マルクスの『経済学哲学草稿』にならっていうならば、この本では、日本社会の戦後史という「独自の対象」のなかから、みてきたような四つの「社会」と四つの「個人」という「独自の論理」を引き出してきたにすぎない。しかし、そうして引き出してきた「独自の論理」それじたいは、少なくても、近代資本主義社会がもっている「論理」の、ひとつのパターンでもある。そのかぎりにおいて、この「独自の論理」もまた、他の、さまざまな広がりのもとにある「独自の対象」へとつながっていることは、言うまでもない。

ところで、そもそもの人類のルーツについては、およそ百万年前までさかのぼることができるとされている。そのころ、アフリカ大陸の南のほうの熱帯雨林の木の上に暮らしていた一二万人くらいの祖先が、それまで生きていた環境の変化とともにサバンナへと思い切って飛び出し、それがきっかけになって、まさに二足で歩行できる人類の歴史が始まったことが分かっている。太古からこのかた、人間は、つねにあたらしいことにチャレンジしてこそ、人間でありつづけてきたということになる。

近いところでは、コロンブスやバスコダガマやマゼランなどといった大航海時代の幕開けについても、あるいは、ピューリタンのアメリカ大陸移住などについても、これと似たようなことが言えよう。そしてまた、長かった前近代から近代へとつづく小さな扉についても、人類の、未知きわまりないリスクを取ってのチャレンジによって開かれたといってよいかもしれない。そしてまた、政治や文化や科学や芸術と同じように、この社会についても、人類の歩みのなかで、あたらしいチャレンジとともに創り出されたものである。個人という存在のあり方についても、まったくそれと同じである。こうしてみると、人間は、いつどこにあっても、よりよい生存と生活のあり方を求めながら、つねに、あたらしい何かを創り出してきた歴史をもっている。

このようにしてみてみれば、あたらしい「別の」社会が、これまでの社会のなかから、その殻を内側から突き破るようにして生まれてくるのか。あるいは、外側からのなんらかの力が作用して、これまでの社会を枠づけてきた大きな殻を打ち壊し、そこから、なにがしかの「別の」あたらしい社会が生まれてくるのか。今、このことについては、かならずしも定かではない。あるいは、これまで個人として生きてきた人たちが、そしてまた、あたらしい社会のなかで生きていく人たちが、それぞれどのような個人として生きつづけていくのか。あるいは、そのようにはできないのか。こうしたことをめぐるこれから一〇〇年先のことについては、今、わたしたちにとって、ほとんど予想することもできない。

本文でも記したように、人類にとって大小さまざまなリスクがはっきりとしてきた今日、わたしたちは、これまでのような社会や個人を、これからも同じように生きていくのか。それとも、なにがしかのあたらしい社会を切り拓いていく主体的な史的主体として生きていくのか。そのことが問われている。

わたしたちは、これまで、古今東西、なにがしかの広がりとその中身をもった「生産と共同」の体系とその単位をかたちづくりながら、分業のあり方と社会のあり方との切っても切れない一対を保ちながら暮らしてきた。そのことをふまえれば、わたしたちは、あたらしい分業のあり方によって支えられるあたらしい社会のあり方を創っていく史的主体たりえるのか否か。やや長い目で見るとき、わたしたちは、今、その分岐点を生きているのかもしれない。

あとがき

ふりかえってみると、わたしが日本社会の戦後史というものにこだわるようになったのは、『グローバル経済と東北の工業社会――場所の個性・場所への意図・場所の思想』（二〇〇四年）を書くあたりからのことである。これは、日本社会における、いわば「地方と開発」の戦後史とでもいえるものである。

それから、『共同の戦後史とゆくえ――地域生活圏自治への道しるべ』（二〇一〇年）において、まさにタイトルのとおり、地域における共同の戦後史についてまとめることができた。これについては、ラッキーなことに、二〇一一年度の「日本都市学会賞（奥井記念賞）」をいただくことができた。

そのときの本は、とりあげた対象が地域ではあったが、そこでの共同の体系の「内部化」と「外部化」と「再内部化」のプロセスとその社会的な背景を明らかにするという視点にもとづいたものである。そのとき、その本の「はしがき」にも記しておいたことだが、そこで用いた視点にもとづくならば、それによって、ひとり地域にのみとどまらず、そのほかの家族や職場といった人々の共同にまつわる基本集団とそれがたどった変化を、その大元から捉えかえすことができるかもしれないと、ほのめかしておいた。つまりは、この視点にもとづいて、日本社会の戦後史をまとめあげることができそうな気がしていたのである。そうして、本務校での「現代社会論」という授業のノートを作りながら、そのための手がかりになりそうなアイディアを温めていた。

あれこれ考えているうちに、ここ日本における社会の戦後史は、人々が作りあげてきた「生産と共同」の体系をその単位集団とのかかわりからみてみると、その単位集団のなかに内部化されていた「生産と共同」の体系が、その単位集団のなかからたちまちのうちに外部化されていくプロセスのことではないか、というアイディアにたどりつくことができた。さらには、そのプロセスがまた、とりもなおさず、市場と公的サービスによる社会的分業の体系が、広大に、そしてなおかつ細かく分化していくプロセスなのではないか、というヒントも得ることができた。

こうして、「生産と共同」の体系とその単位に注目しながら、その「生産と共同」の体系と「(社会的) 分業」と「社会」と「個人」という四つについて、それを、「内部化」と「外部化」と「再内部化」という視点から捉えかえしてみるという、この本の土台となるアイディアをゲットすることができた。それとともに、日々の暮らしをとおしてそれぞれの社会を担ってきた人たちが、どのようにその史的な内実を変えてきたのかということについても、それを「個人」とのかかわりでふりかえってみよう、というアイディアもゲットすることができた。

つまるところ、日本社会の戦後史をあくまでもひとつの事例にしながら、そこから、「社会」と「個人」というものについて、そしてまた、「個人と社会」とのかかわりについて、ちゃんと考えなおしてみようということになったのである。

マルクスの言うところの、いわゆる「上向と下向」に照らし合わせてみるならば、ここまでが「下向」である。しかし、この「下向」のプロセスに、とんでもない時間がかかってしまった。しかし、それなりのアイディアにたどりつくためには、なにがしかの「時」というものが大切だ、ということにも気づかされた。これはこれで、わたしにとっては、よい「気づき」であった。あとは、いわゆる「上向」として、この本を仕上げる作業に取りかかるだけであった。

「上向」の作業には、まるまる一年がかかったが、それは、右のように「下向」してたどりついたアイディアや視点を土台にしながらも、それらを、もともと西洋の社会学が扱ってきた「個人」や「社会」についての基本的な考え方とクロスさせてみなくてはならなかったからである。それは、これまでに知られてきた社会と分業というたしかな現実について、それぞれを、あらためて「概念的」に「再構成」しなおしてみるという営みでもあった。こうしてできあがったのが、この本である。このとき、他大学で非常勤講師として担当している「社会学原論」という授業のためのノートを作りなおしたことが、さまざまな古典をもう一回ふりかえってみるということにもつながって、間接的ではあるが、かなりの役に立った。

ところで、この本のタイトルについてであるが、ふつうは、「個人と社会」ということになるだろう。しかし、この本は、それとはちがって、「社会と個人」というふうにしてある。これは、本文でも記していることだが、ここ日本にあっては、社会を創り出していく主体である史的存在としての個人が草の根から這い上がってきたというよりは、むしろ、明治からの大急ぎなまでの「近代化」のもとで、まずは社会がやや強引にできてきて、それから、その社会を追いかけるようにして、その社会の担い手としての個人が浮上してくるという、ここ日本ならではの社会と個人という現実のできあがり方があるからである。そこからは、あわせて、ここ日本ならではの「個人と社会」というテーマを拾い出すことができる。

じっさいのところ、ここ日本における歴史をふりかえってみると、このようにして、社会が個人に先行したのではないだろうか。これは、やはり、先進ヨーロッパとは、いささか逆であったといってよいかもしれない。それは、つまり、個人にしても社会にしても、それは、時と所によって、それぞれまちまちな現れ方をとる、ということでもある。それは、ことさらに考えてみなくても、ごく当たり前のことである。しかし、昨今になって、ここ日本においても、「別の」社会を主体的に創りあげていく担い手としての個人が、あちこちの草の根から顔をのぞかせてきている。それについては、本文でも記したとおりである。ともあれ、この本のタイトルが、「個人と社会」ではなくて、「社会と個人」というようになっているのは、このようなことからである。

この本は、おおまかなところ、このようにしてできあがったものである。自然科学とはちがって、社会科学においては、社会や個人という現実についての問いへの答えは、けっして、ひとつとはかぎらない。よって、この本は、「社会」や「個人」という概念についての先学のたくさんの成果のうえに、ほんの小さな付録のオマケのようなものを付け足したにすぎない。しかし、それらの大家たちが著わしてくれたレガシーにたいして、この本で使った「社会」や「個人」というものにたいするアプローチや、そのことによってみえてきた内容を、いろいろミックスしてみていただきたい。そうすることで、この本が、みなさんの社会や個人という現実にたいして抱いてきたイメージを、より豊かなものにしていくことに少しでも役立っていただけるとすれば、わたしとしても、このうえなく幸いなことである。

ところで、この本を出すことができたのは、かつて、わたしもそのメンバーであった東北大学の研究室のほか、いくつかの学会や勤務校での先輩や友人や知人たちをはじめとする、たくさんの方々との出会いや、そのなかでいただいた、あれこれの刺激によるところが大きい。また、社会学の古典はもちろんのこと、そのほかのたくさんの本からも、たくさんのヒントをいただいている。とてもありがたいことであるとともに、ここに、心からお礼を申し上げたい。

また、わたしが大学院生のときの恩師であった佐々木徹郎氏からも、何かにつけて、いろいろな励ましをいただいている。ここに、心からお礼を申し上げたい。同じように、細谷昂氏と斎藤吉雄氏と海野道郎氏にも、心からお礼を申し上げたい。そして、故田原音和氏と故塚本哲人氏にも、お礼を申し上げたい。これらの方たちからは、わたしが大学院生のころから、学説研究とフィールドワーク、そして認識論について、言葉に尽くせないほどたくさんのものを盗ませていただいた。そこからは、いわゆる実証研究のみでも寂しいし、かといって、学説研究だけでも哀しい。

よって、これらの二つをふまえたところで、現実を理論化していくことの大切さに気づかされたような気がする。あわせて、学という世界に取り組むにあたっての大切な「構え」というようなものを、それぞれの方たちから、まさに身をもって教えていただいた。思えば、おそらく今ではなかなか味わえないような、よい時代に大学院生の日々を過ごしたものである。

また、故白井義彦氏をはじめとする前任校での同僚の方たちからも、研究をはじめとする大学人のあり方について、たくさんのことを教えていただいた。これにも、心からお礼を申し上げたい。

なお、この本で六作目になるが、本の表紙カバーは、わたしが勤めている大学の元同僚であり、洋画家でもある村田洋子氏によるものである。ありがたいことに、いつものように、魅力的なカバーにしていただいた。

わたくしごとになるが、なかなか職に就けなくていたしがない大学院生のころから、自分の仕事をしつつ、ずっとこのわたしを支えてくれている、妻の弘子にも感謝したい。

末尾になったが、この本も、別の二作と同じように、御茶の水書房の小堺章夫氏にお世話になった。ここに、厚くお礼を申し上げたい。

二〇一七年八月

著　者

著者紹介

高　橋　英　博（たかはし　ひでひろ）

1952 年　宮城県に生まれる
1984 年　東北大学大学院　教育学研究科博士課程単位取得退学
1988 年　兵庫教育大学　学校教育学部専任講師
1991 年　同上　助教授
1994 年　宮城学院女子大学　学芸学部教授
2016 年　同上　現代ビジネス学部教授
博士（文学）

主な著書
J. クラマー『都市と消費の社会学』（共訳　ミネルヴァ書房 2001 年）。
『グローバル経済と東北の工業社会――場所の個性・場所への意図・場所の思想』東北大学出版会、2004 年。

『都市と消費社会との出会い――再魔術化する仙台』御茶の水書房、2007 年。

『せんだい遊歩――街角から見る社会・学――』北燈社、2009 年。

『共同の戦後史とゆくえ――地域生活圏自治への道しるべ』御茶の水書房、2010 年（日本都市学会賞／奥井記念賞を受賞）。

社会《しゃかい》と個人《こじん》――どこから　そして　いずこへ――

2017年12月 5 日　第 1 版第 1 刷発行
2020年 4 月10日　第 1 版第 2 刷発行

著　者　高橋英博
発行者　橋本盛作
発行所　株式会社　御茶の水書房
〒113-0033　東京都文京区本郷5-30-20
電話　03-5684-0751

Printed in Japan　印刷・製本／モリモト印刷

ISBN 978-4-275-02079-6 C3036